열세 살까지 꼭 알아야 할
35가지 일본

핵심 질문으로 풀어낸  재미있는 일본 이야기

열세 살까지 꼭 알아야 할
35가지 일본

이선경·이호영 글 | 이한울 그림

썬더키즈
thunder kids

| 작가의 말 |

대체 일본은 왜 그래?

'노 재팬(No Japan)!'이라는 글을 본 적이 있나요?

이 책을 읽는 여러분이라면 일본 제품 불매 운동을 해 본 적이 있을 지도 모르겠어요. 학용품이나 장난감, 음료수, 과자 등 어디서 만들어졌는지를 살펴보다 보면 우리가 일본 제품을 꽤 많이 쓰고 있었다는 사실에 놀라기도 했겠죠.

하지만 일본 제품 불매 운동을 하던 때에 우리를 부글부글 끓게 했던 건, 웬만해선 꿈쩍도 안 하는 일본의 태도였어요. 그들은 끊임없이 독도가 자기네 땅이라고 우기고, 위안부 할머니들과 강제징용 노동자들의 피눈물을 무시한 채로 진정한 사과를 거부하고 있어요. 오히려 한국을 상대로 반도체 핵심 부품 수출을 규제하는 경제 보복을 하기도 했지요.

그래서일까요?

최근 많은 어린이들이 '대체 일본은 왜 그래?'라는 질문을 던지고 있어요.

이 책은 여러분과 또래 친구들이 일본에 대해 떠올리는 수많은 질문을 모아서 만든 것입니다. 일본의 역사와 문화, 그리고 지금 한국과 일본의 관계에 대한 다양한 이야기들이 담겨 있어요. 여러분이 이 책을 읽으면서 여러 질문에 대한 답을 찾다 보면 일본을 조금 더 폭넓게 이해할 수 있을 거예요.

왜 일본을 제대로 알아야 할까요? '무조건 싫다'는 감정만으로는 일본과 한국을 둘러싼 여러 문제들이 해결되지 않기 때문이에요. 두 나라가 거쳐 온 오랜 갈등의 역사를 이해해야만 제대로 된 사과를 요구할 수도 있겠지요.

일본은 우리나라에서 비행기를 타고 한 시간 정도 날아가면 도착할 만큼 매우 가까운 나라예요. 오랜 역사 속에서 우리나라와 서로 좋은 영향을 주고받으며 친분을 쌓기도 했었지요. 일본과 한국이 오랜 앙금을 풀고 진정한 화해와 소통을 할 수 있다면, 이웃한 두 나라의 미래는 더욱 밝아질 거예요.

새로운 역사를 만들어 가는 주인공이 바로 이 책을 읽는 여러분이 되길 바랍니다.

이선경, 이호영

지도 한 장으로 살펴보는 일본

일본은 한반도 동쪽에 있는 섬나라야. 홋카이도(北海道), 혼슈(本州), 시코쿠(四國), 규슈(九州) 네 개의 큰 섬과 6,500개가 넘는 작은 섬들로 이루어져 있어.

홋카이도

혼슈

일본의 일곱 가지 특징

일본 이름에는 '해가 뜨는 곳'이라는 뜻이 있어. 일본의 국기는 흰 바탕에 태양을 상징하는 붉은 동그라미가 있는 일장기야.

일본의 수도 도쿄에는 도쿄타워가 있어. 도쿄타워는 1958년에 전파탑으로 만들어졌지만, 지금은 도쿄의 상징이 되었지.

일본에서 사용하는 지폐는 10,000엔과 5,000엔, 2,000엔, 1,000엔 네 종류가 있고, 동전은 500엔, 100엔, 50엔, 10엔, 5엔, 1엔 여섯 종류가 있어.

일본의 인구는 1억 2,647만 명으로 세계에서 11번째로 인구가 많아. 한국의 약 2.5배 정도지.(2020년 통계청 기준)

일본어에서 쓰는 문자는 한자와 히라가나, 가타카나 세 가지가 있어. 히라가나와 가타카나는 각각 46자로 이루어졌어.

일본은 사계절이 아주 뚜렷해. 북쪽 홋카이도와 남쪽 오키나와는 평균 기온차가 20도 정도로 크게 날 만큼 기후가 다양해.

일본은 다른 나라와 달리 천황이 있어. 그림은 천황을 상징하는 국화 문양이야.

| 차례 |

작가의 말 • 4
지도 한 장으로 살펴보는 일본 • 6

1장 일본과 문화산업

01 일본의 전통문화는 어떻게 서양에 널리 알려졌을까? • 14
02 일본에 백년 기업이 많은 이유가 뭘까? • 17
03 일본은 어떻게 만화 왕국이 되었을까? • 20
04 스모 선수는 샅바를 평생 빨지 않는다고? • 22
05 일본인이 온천에 열광하는 이유는? • 25
06 초밥 하나로 미식의 나라가 되었다고? • 28
07 닌자 대 사무라이, 어떻게 다를까? • 31

콕콕 일본 짚어 보기 | 일본의 전통문화 • 34

2장 한국인과 일본인

08 일본인은 왜 그렇게 자주 미안하다고 말할까? • 40
09 일본에는 수많은 신이 있다고? • 42
10 일본인이 영어 발음을 어려워하는 이유가 있다고? • 44
11 지금도 일본에 사는 조선인이 있다고? • 46
12 일본인은 왜 튀는 것을 싫어할까? • 49

콕콕 일본 짚어 보기 | 일본의 자연재해 • 52

3장
한국과 일본의 역사적 관계

13 옛날에는 일본이 왜나라로 불렸다고? • 58
14 고대 일본이 국가로 발전하는 데 삼국이 영향을 미쳤다고? • 60
15 일본 천황이 백제 무령왕의 후손이라고? • 63
16 '눈 감으면 코 베어 간다'는 속담의 뜻은? • 66
17 일본의 도자기 신이 우리나라 사람이라고? • 68
콕콕 일본 짚어 보기 | 일본의 과학 • 71

4장
일본과 전쟁

18 일본은 왜 조선의 주권을 빼앗았을까? • 78
19 지옥섬에 끌려간 조선인들은 어떻게 됐을까? • 80
20 잔인한 생체 실험을 한 일본 부대가 있다고? • 83
21 일본은 왜 자살 특공대를 만들었을까? • 86
22 일본은 어떻게 오랜 전쟁을 끝냈을까? • 89
23 전쟁 후 일본은 어떻게 부자 나라가 됐을까? • 92
콕콕 일본 짚어 보기 | 일본의 문화유산 • 94

5장 일본과 국제 분쟁

24 일본은 왜 이렇게 독도를 탐낼까? • 100
25 일본과 영토 분쟁을 벌이는 나라가 또 있다고? • 103
26 일본 초등학생이 잘못된 역사를 배우고 있다고? • 105
27 야스쿠니 신사 참배는 왜 국제적 문제일까? • 107
28 일본의 욱일기 응원은 왜 비난받을까? • 110
29 일본과 북한의 사이는 왜 멀어졌을까? • 112

콕콕 일본 짚어 보기 | 한국을 사랑한 일본인 • 115

6장 일본이 인정하지 않는 것들

30 일본은 왜 강제징용 피해자에게 사과하지 않을까? • 122
31 일본은 왜 한국에게 경제 보복을 했을까? • 124
32 일본은 왜 평화의 소녀상 설치를 반대할까? • 127
33 방탄소년단은 왜 일본 방송에서 출연 금지를 당했을까? • 130
34 일본 정부는 왜 헌법 제9조를 고치려고 할까? • 132
35 일본 정치인들이 망언을 계속하고 있다고? • 135

콕콕 일본 짚어 보기 | 일본 정치인과 한일 관계 • 138

가나다로 찾아보기 • 142
참고한 책 • 143

1장 일본과 문화산업

"
일본 하면 뭐가 떠오르니?
일본은 애니메이션, 스모, 온천 등
고유의 문화가 잘 발달한 나라야.
아시아에서 서양 문화를 가장 먼저 받아들이고,
서양에 자기 나라 문화를 일찌감치 전파했어.
"

시작 전 몸 풀기 낱말 퀴즈

| 가로말을 푸는 열쇠
1. 일본의 축제를 부르는 말. 신을 모시는 일본인의 염원이 담긴 행사이다.
4. 사무라이가 고용한 첩보원으로 자신을 숨겨 활동하며 정보를 모으는 일을 한다.
5. 남자만 배우를 하는 일본 전통 연극. 배우가 얼굴에 하얀 화장을 하는 특징이 있다.

| 세로말을 푸는 열쇠
1. 스모 선수들이 매는 샅바와 같은 하얀 천이다. 보통 실크 재질이다.
2. 서양에 알려진 일본의 풍속화로 고흐와 마네의 그림에 큰 영향을 주었다.
3. 일본에서 오랫동안 한 가지 일을 해 온 숙련된 기술자를 부르는 말이다.

01 일본의 전통문화는 어떻게 서양에 널리 알려졌을까?

〈별이 빛나는 밤에〉라는 작품으로 유명한 네덜란드 화가 반 고흐가 그린 그림들 중에 〈탕기 영감의 초상〉이라는 작품이 있어. 탕기 영감은 가난한 화가 고흐를 많이 도와준 고흐의 후원자이자 친구야. 고흐가 그린 〈탕기 영감의 초상〉을 잘 보면 탕기 영감의 뒷배경에 눈 덮인 후지산이나 기모노를 입은 일본 여인의 모습이 있어.

고흐가 배경으로 표현한 그림은 일본 전통 풍속화 '우키요에'야. 우키요에는 에도 시대(1603~1867)에 유행한 목판화로, 대량으로 찍어 낼 수

〈탕기 영감의 초상〉 빈센트 반 고흐   〈오이란〉 게이사이 에이센의 모작

있었기 때문에 수백, 수천 장을 찍어 내는 잡지나 전단지에 실리면서 많은 사람에게 퍼져 나갔어.

우키요에는 우연한 기회에 서양에 알려졌어. 1855년 일본은 파리만 국박람회에 부채, 도자기와 같은 공예품을 출품했어. 먼 곳으로 귀중한 공예품들을 보내야 하니까 깨지지 않도록 종이로 포장했지. 그 포장지에 우키요에 그림을 찍어 낸 거야.

프랑스 화가들은 공예품을 싼 포장지 그림을 펼쳐보고 커다란 충격을 받았어. 당시 서양 사람들이 그리는 방법과 전혀 다른, 상식을 벗어난 그림이었거든. 특히 마네, 고흐와 같은 인상파 화가들은 우키요에에 흠뻑 빠져들게 되었어. 그들은 일본풍 그림을 수집하고, 그대로 따라서 그리면서 일본 미술에 영향을 받았지. 재활용 포장지에 담긴 우키요에가 서양 근대 미술을 뒤흔들어 놓은 셈이야.

우키요에를 시작으로 일본은 자기 문화를 알리려고 노력했어. 각종 국제박람회에 그림과 공예품을 출품하고, 미국과 유럽 사람들의 취향에 맞추어 상품을 판매했지.

이런 노력 때문인지 몰라도 19세기 후반부터 20세기 초까지 일본풍의 그림이나 장식품이 전 유럽에 유행처럼 번졌어. 그리고 유럽을 중심으로 '일본 문화는 새롭고 좋은 것'이라는 인식이 생겼지. 이렇게 한 나라의 문화 산업은 예나 지금이나 큰 영향력이 있어.

우리나라는 언제 세계에 우리 문화를 알렸을까?

대한제국은 프랑스 정부의 공식 초청을 받아 1900년 파리만국박람회에 참가했어. 상품을 팔기보다는, 전 세계에 자주 독립국으로서 대한제국의 존재를 알리기 위해서였어.

대한제국은 경복궁 근정전 모양의 '한국관'을 우뚝 세우고, 도자기, 무기, 해금 등을 전시했단다. 특히 농업 식품 부문에서는 대상(그랑프리)을 수상하며, 독립적인 우리 문화를 세계에 알리고 왔지.

일본에 백년 기업이 많은 이유가 뭘까?

02

일본에는 문을 연 지 100년이 넘는 기업이 약 5만 개에 이른다고 해. 200년이 넘은 기업은 3,000여 개이고 1,000년이 넘는 장수 기업도 있어. 그러니까 일본에서는 100년 된 초밥집, 삼대째 이어 온 떡집이나 찻집을 쉽게 찾아볼 수 있지. 100년 넘은 기업이 열 곳이 안 되는 우리나라와 견주었을 때 무척 많은 숫자야. 이렇게 가업을 계속 이어 가는 기업들이 많은 까닭은 일본에 '천하제일'이라는 전통이 있기 때문이야.

20세기 초 곤고구미

17세기 일본은 일본의 각 지방을 다스리는 영주인 다이묘가 계급의 가장 위에 있고, 무사와 농민, 상인, 장인 등으로 신분이 철저하게 나누어진 계급사회였어. 그 당시 일본에서는 원하는 대로 직업을 바꾸거나, 신분을 이동할 수 없었어. 무사는 농사를 지을 수 없었고, 상인은 자기 마음대로 무사처럼 칼을 차고 다닐 수 없었지.

그 시대에 출세하기 위해서는 자기 분야에서 최고가 되는 수밖에 없었어. 오랜 수련으로 실력을 다져 최고가 되면 '천하제일'이라는 칭호를 얻을 수 있었지. 천하제일 우산 장인, 천하제일 대장장이, 천하제일 점쟁이 등 천하제일이 되는 분야가 따로 정해져 있지는 않았어. 그렇게 일본에서는 어떤 직업이든 한 가지 분야에서 최고가 되는 것을 자랑스럽게 생각하는 풍토가 만들어진 거야. 쉽게 말해 프로가 대접받는 사회였지.

그래서인지 일본에서는 자식이 부모가 하던 일의 대를 잇는 것을 명예롭게 생각해. 몇 대째 가업을 이어 가고, 그 분야에서 일인자가 되려는 일본인의 문화는 '쇼쿠닌'이라고 불리는 수많은 숙련된 기술자를 낳았어. 사람들은 이들이 만들어 낸 상품이 기술의 경지를 넘어서 예술의 경지가 되었다고 말해.

세계 사람들에게 '메이드 인 저팬'이라면 믿을 수 있다는 인식을 심어 준 것도 한 평생, 아니 대를 이어 나가면서 자기 분야에서 최고가 되고자 하는 일본 장수 가게들이 있기 때문일 거야.

일본에서 가장 오래된 기업은 1000년이 넘었다고?

일본에서 가장 오래된 기업은 곤고구미(組)야. 서기 578년에 세워져 지난 2006년에 파산할 때까지 무려 1,428년 동안 가업을 이어 온 기업으로, 건축물을 짓거나 수리하는 건설 회사야.

시텐노지(四天王寺, 578년) 사찰을 지은 목수 곤고 시게미쓰(金剛重光)가 창설했어. 곤고 시게미쓰는 쇼코쿠 태자가 백제에서 초대한 목수들 중 하나이기도 하지.

곤고구미는 오사카성과 호류사 등 견고한 일본의 목조건물을 만드는 데에도 참여했어. 특히 일본 역사상 최악의 지진으로 꼽히는 고베 지진이 일어났을 때도 곤고구미가 만든 건축물만큼은 무너지지 않았다고 하니, 1,400년이라는 시간을 어떻게 이어 왔을지 짐작하겠지?

03 일본은 어떻게 만화 왕국이 되었을까?

깜짝 퀴즈! 짱구, 우주 소년 아톰, 도라에몽, 명탐정 코난 중 이 세상에 나온 지 가장 오래된 캐릭터는 누구일까?

정답은 우주 소년 아톰이야. 아톰은 만화가 데즈카 오사무가 1952년부터 만화 잡지에 연재한 SF만화 〈철완 아톰〉 주인공이야. 만화의 인기에 힘입어 1959년부터는 일본 최초의 TV 만화영화 시리즈로 만들어졌단다. 일본 사람들은 텔레비전 속에서 움직이는 아톰의 모습에 열광했어. 작은 몸집의 로봇 소년이 온갖 어려움을 헤쳐 나가는 이야기가 전쟁 후 지친 일본 사람들에게 큰 용기를 주었어.

우리 학교 권장도서도 만화책으로 가득했으면 좋겠다.

하지만 만화영화가 인기 있는 것에 비해, 만화 자체에 대한 인식은 그리 좋진 않았어. 일본학부모협회는 만화가 아이들을 망친다고 주장하기도 했지.

그래서 데즈카 오사무는 만화도 아이들에게 좋은 영향을 준다는 것을 보여 주기 위해 과학, 의학, SF, 추리, 역사 등 다양한 장르의 만화를 그렸어. 읽으면서 공부가 되는 학습 만화도 그리고, 최초로 여자아이가 주인공인 만화를 그려서 소녀들에게 꿈과 희망을 주기도 했지.

그의 노력이 성장하는 일본 만화 산업에 보태어져 지금의 일본은 어른, 아이 할 것 없이 다양한 주제의 만화를 즐기는 '만화의 왕국'이 되었단다.

어린이들을 위한 권장도서가 만화책인 경우도 있고, 회사의 대표가 직원들에게 필독서로 만화책을 추천하는 경우도 다반사야. 그만큼 내용도 유익하고 재미있는 거지. 또한 현재 일본 만화영화는 '저패니메이션(Japan+animation=Japanimation)'이라는 이름으로 따로 불릴 정도로 전 세계에서 인기를 얻고 있어. 일본 만화는 만화영화뿐 아니라 영화, 음악, 캐릭터 상품, 관광 등과 연결되면서 거대한 문화 산업이 되었단다.

일본에서는 세계 곳곳에 국가 이미지를 판매한다고 생각하고 국가가 주도해서 만화와 만화영화를 성장시키고 있어.

04 스모 선수는 샅바를 평생 빨지 않는다고?

한국에 씨름이 있다면 일본에는 스모가 있어. 스모는 두 사람이 몸에 마와시라는 샅바를 두르고 격렬하게 몸을 부딪쳐 승부를 내는 일본의 대표 스포츠야. 마와시는 언뜻 보면 기저귀처럼 보이는 천인데, 이것을 여러 차례 접은 다음 허리와 다리 사이를 둘러매. 스모 선수들은 상대방의 마와시를 붙잡아 넘어뜨리거나, 상대를 경기장 바깥으로 밀어내서 승부를 내지.

우리나라 씨름 선수들은 경기에 따라 붉은색 샅바를 맬 때도 있고 청

색 샅바를 맬 때도 있지만, 스모 선수들은 자기가 지닌 마와시를 평생 빨지 않는다고 해. 마와시를 빨면 부정 탄다고 여기는 거지. 특히 스모 대회가 열리는 기간 동안은 마와시를 빠는 일이 절대 없어! 혹시라도 어떤 스모 선수가 마와시를 빨면 '부모가 돌아가셨나'라는 말을 들을 정도래.

그럼 마와시가 땀에 젖거나 더러워지면 어떻게 할까? 마와시를 그늘에 펴서 말리고, 물수건으로 살짝 닦으면 그만이야. 스모 선수들의 이야기에 따르면, 마와시는 면직물이 아니고 풀을 먹여 빳빳하게 만들어 놓은 실크 재질이라 쉽게 더러워지지 않는다고 해. 물론 여러 개의 마와시를 번갈아 사용

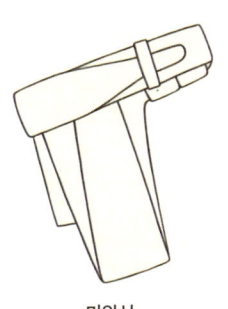
마와시

하는 선수도 있고, 어떤 선수는 우승했을 때 입었던 마와시 하나만을 고집하는 등 저마다 차이는 있지만 말이야.

스모 선수들은 지금도 미신처럼 보이는 이 전통을 지키고 있어. 스모는 궁중 연회에서 각 지역의 풍년을 점치는 제사 의식이었기 때문에 지금도 스모 선수가 까다로운 규칙을 지키고 있는 거야. 몸을 부딪쳐서 상대를 밀어내는 단순한 운동 경기가 아닐까 하고 생각하기 쉽지만, 스모는 규칙과 의식을 중요하게 여겨. 300년 전에 있었던 경기 규칙은 물론이고, 도장의 크기와 모양, 심판의 옷차림까지 모두 전통 그대로 유지하고 있지.

전통에 대한 자부심을 가지고 잘 지켜 낸 결과, 스모는 지금도 일본의 아름다움을 이야기할 때 빠지지 않아.

마와시를 입고 제사 의식을 치르는 현대 스모 선수들

외국인도 스모 선수가 될 수 있을까?

외국인도 스모를 할 수 있지만, 스모 선수가 되려면 갖춰야 할 조건이 있어. 키 173센티미터, 몸무게 75킬로그램이 넘는 남자여야 해. 나이는 23세 미만이어야 하고, 중학교 이상 학력을 갖춰야 하지. 여자는 아마추어 경기를 할 수 있지만, 프로 선수로 뽑지는 않아.

수십 년 전부터 미국과 캐나다, 몽골, 브라질, 에스토니아 등에서 젊은 씨름 선수들이 스모를 하기 위해 일본으로 건너가고 있어. 최근에는 몽골 출신 선수들이 최고의 스모 선수 타이틀인 '요코즈나'에 오르는 등 스모판을 휘어잡고 있단다.

일본인이 온천에 열광하는 이유는?

05

일본에는 2000년 이후 분화한 활화산이 108개 정도 있어. 이는 전 세계 활화산의 10퍼센트에 해당하는 숫자야. 사쿠라지마 화산섬, 스와노세섬 등은 최근까지도 분화하고 있지. 그 밖에도 일본에서는 크고 작은 화산 활동이 끊임없이 일어나고 있어. 일본의 땅속은 지금도 높은 에너지로 펄펄 끓고 있는 거야.

이렇게 화산 활동이 지금도 활발하다 보니 일본 곳곳에서 5,000개가 넘는 온천을 찾아볼 수 있어. 어지간한 동네에서는 조금만 땅을 파도 온

시코쿠 에히메현 마쓰야마시에 있는 도고온천. 일본에서 가장 오래된 온천 세 곳 중 하나이며, 미야자키 하야오의 애니메이션 〈센과 치히로의 행방불명〉에 나오는 신 유바바의 온천장의 모티브가 되었다.

천수가 나온다고 할 정도지. 이렇다 보니 온천욕은 일본 사람들에게 아주 자연스러운 문화가 되었어.

옛날부터 일본 사람들은 온천이 여러 신과 요괴들이 쉬어 가는 곳이라고 생각했어. 그래서 온천은 몸을 씻는 장소를 넘어서 마음을 깨끗하게 하는 성스러운 곳이라는 의미가 있었지.

또 일본 옛이야기 중에는 백로나 원숭이, 노루 같은 동물들이 온천에서 상처를 치료한다는 이야기를 어렵지 않게 찾아볼 수 있어. 이렇게 온천물에 포함된 다양한 광물질이 건강에 도움이 된다는 것이 알려지면서 전쟁에서 부상 당한 무사들을 치료할 때 온천물이 쓰이기도 했단다.

17세기 에도 시대에는 온천에서 맛있는 밥도 먹고, 장기 같은 놀이도

함께 즐길 수 있는 관광 온천들이 발달했어. 그래서 '봄에는 벚꽃 놀이, 겨울에는 온천 순례'라는 말이 생길 정도로 온천 관광이 유행한 적도 있었어.

지금도 일본 사람들이 가장 가고 싶어 하는 여행지 중 하나로 온천을 꼽는다고 하니, 예나 지금이나 온천은 일본인들 삶의 중요한 부분을 차지한다고 할 수 있어.

일본 온천은 남자와 여자가 같이 들어간다고?

일본의 온천은 자연스럽게 물이 고여 생긴 노천탕이었어. 일본의 자연환경으로 인해 만들어진 곳이다 보니 옛날에는 일본에 남탕, 여탕이라는 개념이 없었어. 일본인들은 여자와 남자가 함께 목욕하는 '혼탕'이 이상할 게 없었던 거야.

외국인들은 일본 문화에 대한 배경 지식 없이 일본에 있는 온천에 갔다가 혼탕을 보고 큰 충격을 받았어. 에도 시대 말기 일본에 간 미국의 페리 제독 역시 일본인들의 혼탕 목욕 문화를 보고 기겁했지. 그는 미국으로 돌아가 〈일본원정기〉라는 책을 써서 일본 문화를 서구에 알렸단다. 조선통신사로 일본에 다녀온 신유한이 쓴 〈해유록〉에도 일본의 혼욕은 '정말 기괴한 문화'라고 적혀 있단다.

근대화가 되고 서양 사상이 유입되면서 일본에서는 혼욕 문화가 점점 사라졌고, 현대에 와서는 거의 찾아볼 수 없게 되었단다.

06 초밥 하나로 미식의 나라가 되었다고?

'**일**본 음식' 하면 뭐가 먼저 떠오르니? 밥에 소금과 식초로 간을 하고 한 주먹에 쏙 들어가도록 조물조물 뭉친 뒤 생선회를 얹어 먹는 요리, 바로 '초밥'이야. 초밥의 일본말인 '스시(sushi)'가 널리 쓰일 만큼 우리한테도 낯익은 일본 음식이야.

초밥은 1964년 도쿄 올림픽을 계기로 세계에 널리 알려졌어. 그 전까지만 해도 서구 여러 국가는 '날 생선을 먹는 미개한 나라'에서 올림픽을 여는 것을 반대할 정도로 일본 음식에 부정적인 생각을 갖고 있었어.

하지만 도쿄 올림픽 때 세계 각국 사람들이 일본에 방문하여 신선하면서도 담백한 맛, 예쁜 색이 어우러진 상차림, 장인들이 만든 그릇, 기모노를 입은 종업원의 친절한 서비스를 접했어. 그러고는 곧 초밥에 푹 빠져 버렸지. 도쿄 올림픽을 마치고 세계 각국의 사람들은 '일본 요리는 일본인의 정성과 혼이 담긴 요리'라며 찬사를 보냈다고 해.

이제 뉴욕이나 두바이 등 세계 여러 나라에서 초밥집은 부유층이 찾아가는 고급 레스토랑이 되었어. 몇 년 만에 초밥은 상대방에게 귀한 대접을 하기 위해 찾는 음식이 된 거야. 사람들은 초밥이

일본의 대표 음식, 스시

음식의 세계화에 가장 성공한 사례라고 이야기해.

세계 시장으로 간 스시는 어떻게 됐을까? 일본인들은 현지의 재료와 음식 문화를 끌어들였어. 고기를 구하기 힘든 하와이에서는 스팸 스시가, 아보카도라는 과일이 흔한 미국 로스앤젤레스에서는 캘리포니아롤이 만들어졌지. 나라마다 다른 입맛에 따라 변신한 초밥은 성공적으로 자리 잡게 되었고 전 세계적으로 대표적인 일본 문화의 상징이 되었어.

일본 정부는 일본 음식을 세계에 알리기 위해 지금도 적극적으로 노력하고 있어. 단순히 음식을 파는 것이 아니라, 그 나라의 문화를 수출하는 게 음식의 세계화라고 생각하는 거야. 그리고 2013년에는 일본 음

식 문화가 프랑스, 지중해 요리, 멕시코 요리에 이어 세계에서 네 번째로 유네스코 세계무형문화재에 등재되었단다.

다른 나라 사람들이 일본에 '먹으러' 여행 간다고 할 만큼 일본은 고유한 음식 문화를 가진 나라로 기억되고 있어.

의외로 일본이 발명한 음식- 단팥빵

빵은 포르투갈어 'pão'에서 유래했어. 포르투갈에서 일본으로 들어오면서 일본말로 '팡(パン)'이 되었지. 여러 가지 빵 중에서 일본에서 만든 빵이 있는데 바로 단팥빵이야. 단팥빵은 '앙꼬빵'이라고도 하는데 이 말은 일본말 '앙코팡(アンコパン)'에서 온 거야.

단팥빵을 처음 만든 기무라 야스헤에는 1869년 도쿄에 작은 서양식 빵집을 열었어. 그는 일본인의 입맛에 맞는 빵을 만들어 내기 위해 노력했고, 달콤한 팥을 넣어 발효를 촉진시키며 단팥빵을 완성했어. 6년에 걸쳐 완성된 단팥빵은 천황에게 올릴 만큼 귀한 음식으로 자리 잡았단다. 일본식으로 재창조된 빵이 지금도 누구나 즐겨 먹는 단팥빵이라는 사실이 재미있지 않니?

닌자 대 사무라이, 어떻게 다를까?

07

영화나 애니메이션, 게임 속에서 닌자와 사무라이를 본 적이 있니? 닌자는 영주나 그를 지키는 무사 밑에서 비밀 정보에 관한 일을 맡아 보는 정보원이야. 자기 정체를 숨기고 경쟁 세력을 염탐하거나 암살하는 것 따위의 비밀스러운 일을 했어. 위장술을 할 수 있어서 낮에는 농부나 떠돌이 약사로 평범하게 살다가 밤이 되면 첩보 활동을 했어. 닌자가 부리는 기술은 '인술(忍術)'이라고 하는데, 전쟁에 나가서 이기기 위해 쓰는 기술이라기보다는 자기 몸을 숨기고 지키는 기술이란다.

반면 사무라이는 일본 봉건 시대의 무사를 뜻해. 일본에서는 사무라이를 '시(侍)'라고 부르는데 가까이에서 누군가를 모신다는 뜻이야. 왕을 모시는 '내시'를 떠올려 보면 이해가 쉽지? 그러니까 사무라이는 영주를 경호하는 사람, 즉 보디가드라고 할 수 있어.

사무라이는 허리에 긴 칼을 차고 다닐 수 있었고, 전쟁에 나갈 때는 갑옷을 입고 나갔어. 닌자에 비해서 체계적인 교육을 받는 지배계급이라고 할 수 있어.

사무라이는 일본 역사에서 중요한 의미를 가지고 있어. 1192년부터 1868년까지 약 700년 동안 사무라이들의 우두머리인 '쇼군'이 천왕 대신 나라를 다스렸거든. 이런 시대를 막부 정권이라고 해. 이렇게 사무라이가 나랏일을 하는 사회 지도층이 되면서 자기들만의 생활 원칙을 갖게 되는데, 그것을 '무사도(武士道)'라고 하지.

사무라이 계급은 오랜 시간 일본을 지배하며 현대 일본인의 생활 태도나 사고방식에 영향을 주었어. 일본인이 바닥에 무릎을 꿇어앉는 습관부터 정신 수양을 위해 다도(茶道) 문화와 불교문화가 발달한 것까지도 사무라이의 영향이라고 생각하는 사람들이 많아.

닌자

주요 활동 사무라이나 영주들에게 고용되어 적을 염탐하는 스파이 역할을 했다.

특징 눈만 남겨 놓고 온몸을 검은 천으로 가린다. 체취 때문에 다른 사람들에게 정체가 들키지 않도록 목욕을 자주 한다.

특기 돌담 타기, 물 건너기, 은신술, 소리 없이 걷기

무기 수리검, 화살, 단검, 일본도 등

사무라이

주요 활동 귀족을 가까이에서 모시는 경호원 역할을 했다. 무사들의 정권 막부를 열어 일본인의 문화에 큰 영향을 미쳤다.

특징 사무라이용 투구를 쓰기 편하도록 앞머리를 깨끗이 밀어 버린 사무라이가 많았다.

특기 칼싸움, 다도, 정신 수양

무기 일본도(긴 칼과 짧은 칼 두 자루)

| 콕콕 일본 짚어 보기 |

일본의 전통문화

일본 사람들은 어렸을 때부터 자연스럽게 전통문화를 접하기 때문에 전통에 대한 자부심과 애정이 커. 일본의 다양한 전통문화를 알아볼까?

가부키

가부키는 노래, 춤, 연기로 구성된 종합 연극이야. 1603년에 탄생했지. 가부키 무대에는 배역이 남자든 여자든 무조건 남성 배우가 올라가게 되어 있어.
배우들은 얼굴 전체를 흰색으로 칠하거나 붉은 색, 푸른 색 선을 그린 화장을 하고, 화려한 의상을 입고 연기한단다.

오리가미

오리가미는 여러 색의 종이를 접어서 동물이나 식물, 생활 도구 등의 모양을 만드는 놀이야. 오늘날에도 어린이들이 많이 즐긴단다.

마쓰리

일본은 일 년 내내 축제가 열린다고 할 만큼 축제가 발달했어. 일본의 축제를 '마쓰리'라고 해.
마쓰리는 신을 받들어 모시고 대접해 건강하고 행복하게 살고 싶은 일본인의 염원에서 시작했어. 현대에는 마을 사람들의 단합과 즐거움을 위해 여러 형태의 마쓰리가 생겨났어.

다지기를 위한 OX 퀴즈

문제 1

우키요에는 화가가 한 장씩 손으로 그려 소량 생산하는 일본의 전통 풍속화이다.

문제 2

일본 최초 TV 애니메이션의 주인공은 '아톰'이다.

문제 3

일본에는 5,000개가 넘는 온천이 있으며 일본 사람들에게 사랑받고 있다.

문제 4

일본에서는 여자도 프로 스모 선수가 될 수 있다.

13쪽 낱말 퀴즈 정답

마	쓰	리		우
와		가	부	키
시	쇼			요
	쿠			에
	닌	자		

35쪽 OX 퀴즈 정답

문제 1 X 우키요에는 대량으로 찍어내는 판화이다.
문제 2 O
문제 3 O
문제 4 X 여자는 프로 스모 선수가 될 수 없다.

2장
한국인과 일본인

> 한국인과 일본인은 생김새가 비슷해서인지
> 여러 면으로 비교할 때가 많아.
> 두 민족의 유전 정보를 비교하기도 하고,
> 생활양식이나 사고방식을 비교하기도 하지.
> 하지만 두 나라 사람들은 생각보다
> 많은 차이점을 가지고 있어.

시작 전 몸 풀기 낱말 퀴즈

| 가로말을 푸는 열쇠
1. 지진으로 발생하는 해일, 지진해일을 뜻하는 일본어
2. 재일조선인을 뜻하는 네 글자 일본어
3. 태평양 주변에서 지진과 화산 활동이 잘 일어나는 지역을 가리키는 말. 'OOOO조산대'
4. 밥을 담는 작은 그릇. 플라스틱이나 얇은 나무판자, 알루미늄 따위로 만든다. '밥을 담는 작은 그릇에 반찬을 곁들여 담는 밥'을 뜻하기도 한다.

| 세로말을 푸는 열쇠
1. 주로 '미안합니다', '실례합니다'의 뜻으로 쓰이는 일본어. 폐를 끼쳐서 죄송하다는 뜻이 담겨 있다.
4. 신사 앞에 세워져 있는 문으로, 신의 영역과 인간의 영역을 구분 짓는다.
5. 병이나 상처를 다스려 잘 낫게 해 주는 기술

08 일본인은 왜 그렇게 자주 미안하다고 말할까?

일본에서 자주 듣게 되는 말 중 하나는 '스미마셍'일 거야. '스미마셍'은 우리말로 '미안합니다', '실례합니다' 등의 뜻이지. 길을 가다가 다른 사람과 부딪히거나, 전철을 타고 내리는 중에 '스미마셍'이라고 말하는 일본인을 흔히 볼 수 있어. '스미마셍'이라는 말 속에는 폐를 끼쳐서 죄송하다는 뜻이 담겨 있어.

일본인 부모님들은 아이가 아주 어렸을 때부터 '폐를 끼치면 안 된다(메이와쿠 카케루나, 迷惑を 掛けるな)'고 가르쳐. 초등학교의 '도덕'과 '생활'

등의 과목에서도 공공장소에서 지켜야 할 규칙이나 대중교통 이용 예절을 반복적으로 배우지.

이러한 교육의 힘일까? 일본의 길거리에서는 쓰레기가 널려 있는 모습을 찾아보기 힘들어. 일본 사람들은 길에 쓰레기를 버리는 것이 남에게 폐를 끼친다고 생각해서 함부로 쓰레기를 버리지 않기 때문이야. 도로에서 자동차 경적 소리가 거의 안 나고, 지하철 안에서는 휴대폰으로 통화하는 사람을 거의 볼 수 없단다. 남에게 민폐 끼치지 않는 행동이 어느덧 일본 사람들 몸에 배어 버린 거지.

그래서 일본 어디서든 일본인들이 '스미마셍'이라고 말하는 걸 쉽게 볼 수 있어.

일본을 여행하는 동안에 '스미마셍'만 적절하게 사용해도 여러 곳을 문제없이 다닐 수 있다는 말이 아주 틀리지만은 않지?

스미마셍이 쓰이는 다양한 상황들

'스미마셍'은 누군가 부르거나 감사를 표현할 때 쓰이기도 해. 예를 들어 음식점에서 점원이 자리를 안내하면 "스미마셍." 하고 가볍게 인사를 하면 돼. 우리나라에서 메뉴를 주문할 때 "저기요." 하면서 점원을 부르는 것처럼, 일본에서도 "스미마셍." 하고 말하면서 점원을 부르지. 또 만약 지나가는 사람에게 길을 물어볼 때 "스미마셍."이라고 말하고, 친절히 안내를 받았을 때도 "스미마셍."이라고 말하며 고마움을 전할 수 있어.

09 일본에는 수많은 신이 있다고?

일본은 원래 지진과 화산, 태풍과 같은 자연재해가 많은 나라야. 인간이 아무리 똑똑하게 대비한다고 해도 거대한 자연의 힘 앞에서는 속수무책일 때가 많지. 그래서인지 일본 사람들은 일찍부터 무엇이든 자기의 삶을 돌봐 줄 대상을 찾아 의지하게 되었어.

일본인들은 어디든 신이 깃들 수 있다고 믿고, 자신이 필요한 때 찾아가 제사를 지내고 소망을 기원했단다. 이러한 일본인의 토속 신앙을 '신도(神道)'라고 해. 신사는 신들에게 제사 지내는 사당이지.

닛코 동조궁의 도리이. 도리이는 신의 집으로 들어가는 문으로, 신사 앞에 있다.

신도의 영향으로 일본인들은 여러 신을 함께 믿는 경우가 많아. 신이 되는 영역도 다양해서 태양, 달, 번개 등을 신으로 모시기도 하고, 종이나 칼, 붓과 같은 물건을 신으로 섬기도 하지. 자기의 조상이나 천황과 왕족을 신으로 삼기도 해. 카스테라의 신이나 화과자(일본식 과자)의 신이 있는가 하면, 에디슨과 같은 외국인도 일본에서는 '전기의 신'으로 모시고 있어. 뿐만 아니라 결혼의 신, 사업의 신, 시험의 신 등 사람들은 자기가 믿는 신에 따라 다른 신사를 찾는단다.

흔히 일본에는 800만 신(八百萬神)이 있다고 이야기해. 여기에서 '여덟 팔(八)'이라는 숫자는 '셀 수 없이 많은'의 뜻을 가진 옛 일본어야. 그만큼 일본의 신이 어마어마하게 많다는 뜻이란다.

10 일본인이 영어 발음을 어려워하는 이유가 있다고?

일본 사람들의 영어 발음을 들어본 적이 있니? 일본 사람들은 맥도널드 햄버거(McDonald Hamburger)를 '마쿠도나르도 한바가'라고 말해. 이처럼 일본식 영어 발음은 원래 영어 발음과는 많이 달라. 그래서 약간 어색한 느낌이 들 수도 있어.

일본 사람들이 영어 발음을 어려워하는 이유는 일본말로 발음하는 소리의 수가 적기 때문이야. 일본어는 기본 모음 발음은 'ㅏ, ㅣ, ㅜ, ㅔ, ㅗ(あ, い, う, え, お)' 이렇게 다섯 가지로만 이루어져 있어. 모음이 적기

때문에 조합할 수 있는 음의 수도 적어지는 거지. 또 기본적으로 일본어에는 받침음이 조금밖에 없기 때문에 외국어 발음을 정확하게 표현하기 어려워. 게다가 ㄲ, ㄸ, ㅃ 등의 같은 센 발음이 없어서 '거, 코, 꺼, 꼬, 커' 같은 발음은 그냥 '코'로 발음하기 마련이야. 그래서 일본어로 적을 수 있는 음은 300가지밖에 없어.

이에 비해 한국어는 외국어를 들리는 대로 쉽게 쓸 수 있어. 한글은 총 21개의 모음과 19개의 자음을 조합할 수 있어. ㄲ, ㄸ, ㅃ, ㅆ, ㅉ와 같은 된소리뿐 아니라 받침이 있어서 약 만천 개의 소리를 적을 수 있단다.

그러니 영어 단어 'cut'의 경우, 우리는 '컷'이라고 표현할 수 있지만 일본어 발음으로는 '카토'로 적게 되는 거야. 비슷한 원리로 일본 사람들은 'map'은 '마푸', 'hot'은 '하또'로 읽는단다.

일본인들은 키보드 자판을 어떻게 칠까?

일본인들은 '世(세상 세)'를 입력하고 싶으면 영어식 발음인 'se'로 컴퓨터에 입력하는 방법을 써. 각 단어가 영어 발음 표기에 맞게 입력돼야 화면에서 가타가나로 바뀌는 거야.

또 일본어에는 문장마다 한자가 있어 그때그때 한자 변환을 해 줘야 해. 예를 들어 '추'로 발음되는 한자만 해도 스무 개가 넘는데 그중 적당한 것을 골라야 하지. 그러니 컴퓨터 자판을 치는 속도가 더딜 수밖에 없어.

11 지금도 일본에 사는 조선인이 있다고?

일제강점기에 많은 조선 사람들이 중국, 일본, 만주 등으로 뿔뿔이 흩어지게 되었어. 약 240만 명의 조선 사람들이 일본으로 이주하거나 강제징용에 끌려가게 되었지.

1945년 8월 일본은 제2차세계대전에서 패전했고, 조선은 일본의 식민지로부터 벗어났어. 일본에 끌려갔던 많은 조선인들은 한반도로 돌아갈 수 있게 되었지. 하지만 당시 한반도의 불안한 정치 사회적 상황이나 경제적 이유 때문에 해방이 되고도 한반도로 가지 못한 사람들이 있었어. 이때 일본에 남은 조선인들은 일본 국적을 지닌 채 외국인 등록을 하게 되는데, 그때 국적을 '조선'이라고 적었어. 일제강점기 전에는 우리나라가 '조선'이었기 때문이야.

1948년 한반도에는 남한과 북한이라는 두 개의 정부가 세워졌어. 그리고 1950년에 한국전쟁이 터져서 미처 귀국하지 못한 조선 사람들은 고향으로 돌아가기 더욱 힘들어졌을 뿐 아니라 섣부르게 남북 중 하나를 조국으로 선택하지 못했지. 1952년 일본 정부는 일본에 사는 조선인들의 일본 국적을 강제로 박탈하고는, 남한과 북한 중에 한 국적을 선택하라고 요구했단다.

대한민국이나 북한 국적을 선택한 사람도 있지만, 많은 조선인들이 일본에 남아 조국이 통일할 때까지 기다리겠다고 했어. '조선'이라는 국가가 사라졌는데도 조선 국적을 선택한 사람들. 일본에 살고 있는 재일조선인, 자이니치(在日)야.

조선학교 폐쇄령으로 학교에서 쫓겨나는 아이들

재일조선인은 해방 이후 일본 사회에서 온갖 냉대와 차별을 받으며 살았어. 일본에서 선거가 있을 때 투표할 수 없었고, 의무교육도 받을 수 없었지. 살고 싶은 동네에서 살 수 없었고, 심지어 회사에 합격을 하고도 합격이 무효가 된 사람도 있었어. 재일조선인 자녀는 16세가 되면 외국인 등록을 하면서 열 손가락 지문을 모두 등록해야 했지. 국가가 없기에 억울한 일을 당해도 재일조선인은 법적으로 보호받지 못했어. 여권이 발급되지 않아 해외에 나갈 수도 없었단다.

최근에는 상황이 많이 좋아졌다고 하지만 뿌리 깊은 편견들은 여전해. 그래서 재일조선인 3, 4세들 중에 일본으로 귀화를 하는 사람들도 많아졌어. 하지만 지금도 한민족이라는 긍지를 갖고 꿋꿋하게 이겨 내고 있는 재일조선인 3만여 명이 일본에 살고 있어.

재일조선인 차별의 상징, 우토로 마을

우토로 마을은 일본 정부가 1941년에 교토의 군비행장 건설을 위해 강제 징용 했던 1,300여 명 조선인 노동자들의 집단 거주지였어. 제2차세계대전에서 일본이 패전하자 비행장 건설이 중단되었지. 하지만 조선인 노동자들은 일본 정부와 기업으로부터 어떠한 보상도 받지 못하고, 실직자가 되었어. 돈이 없어 고향에 돌아갈 수도 없었던 사람들은 우토로에 정착했어.
일본 정부는 우토로의 조선학교를 폐쇄하고, 1988년까지 전기와 상수도조차 설치해 주지 않았어. 심지어 땅의 소유주인 일본 기업은 우토로에 살고 있는 주민들을 강제로 쫓아내려고 했지. 주민들이 부당함을 호소했지만, 일본 정부는 철저하게 외면했어.
다행히 2007년 한국정부와 일본 시민 단체의 노력으로 47억 원에 이르는 성금이 모여 우토로 마을의 절반을 사들였어. 2018년에는 주민들은 새로 만들어진 집에 들어갈 수 있게 되었단다.

일본인은 왜 튀는 것을 싫어할까?

12

일본을 여행하다 보면 자주 보는 한자 중에 '화(和)'가 있어. 평화, 화합, 화목에 들어가는 '화(和)'는 서로 배려하며 사이좋게 지낸다는 뜻을 가지고 있어.

화합을 의미하는 일본어 '와'는 아스카 시대(538년~710년)의 쇼토쿠 태자가 제정한 17개조 헌법 중 가장 첫 번째 덕목으로 꼽힌단다.

"사람에게 있어서 화(和)가 제일 중요하고 상사나 부하나 서로 마음을 순하게 하여 잘 지내면 안 될 일이 없다."

쇼토쿠 태자
(574년 2월 7일~622년 4월 8일)

이러한 '와'의 의미가 오랜 시간에 걸쳐 일본인의 사고방식에 영향을 미치게 되었어. 화합을 중요하게 생각하고, 개인보다는 집단 또는 국가의 이익을 우선으로 두기도 했단다. 하나의 목표를 향해 함께 해야 한다는 공동체 의식도 발달했지.

하지만 너무 조화를 강조했던 것일까? 집단의 화합을 해치는 행위나 그런 행동을 한 사람은 옳고 그름에 상관없이 그 집단에서 따돌림을 당하기도 했어.

실제로 일본 에도 시대에는 마을의 규율이나 질서를 어긴 사람들이 있으면 동네 주민들이 단합해서 응징했다고 해. 예를 들어 마을 일을 돕지 않는 주민이 있으면 그 사람은 물론이고 그 가족 모두를 은근히 따돌리는 거야. 무슨 일이 있어도 도와주지 않고, 아는 척하지도 않았어. 마을 전체 사람들이 한 사람이나 한 가족을 '왕따'하는 셈이야.

그러니 일본 사회에서는 집단에서 튀는 행동을 해서 굳이 사람들 눈에 띌 필요가 없어. '튀어나온 말뚝은 두들겨 맞는다'는 일본 속담처럼 집단에 적응하지 못하고 일탈해서는 안 되는 거지. 물론 에도 시대의 관습을 지금도 그대로 따르고 있지는 않아.

하지만 일본의 집단 따돌림은 '이지메'라는 이름의 사회 문제가 되고 있단다.

한국식은 한식인데 일본식은 일식이 아니라고?

화과자

한복, 한식, 한지, 한옥처럼 '한(韓)'이라는 글자는 '한국 고유의~'라는 뜻을 가져. 그럼 일본 고유의 문화는 뭐라고 부를까?
화(和)는 일본에서는 '와'라고 읽는데, '일본 고유의~' 라는 뜻이 있어. 그래서 일본 음식을 와쇼쿠(和食)라고 하고, 일본의 옷차림을 와후쿠(和服)라고 한단다. 다양한 색과 모양으로 유명한 화과자도 '와가시'라고 부르는 일본 전통 과자야.

| 콕콕 일본 짚어 보기 |
일본의 자연재해

일본은 지진과 화산, 태풍과 쓰나미 등 자연재해가 많이 일어나는 나라야. 일본에 어떤 자연재해들이 있는지 살펴볼까?

일본의 화산과 지진

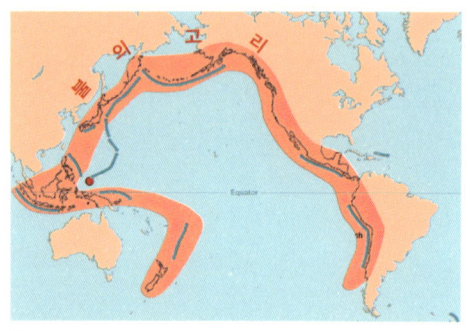
환태평양 조산대

일본은 '불의 고리'라고 불리는 환태평양 조산대에 딱 걸쳐 있어. 환태평양 조산대는 태평양 주변을 동그랗게 에워싸고 있는 화산과 지진이 자주 발생하는 지역이야.
2011년 약 2만 명의 사망자와 실종자를 낸 동일본대지진을 비롯해 크고 작은 지진이 수시로 나고 있어. 그래서 일본인들은 어릴 때부터 재난 대피 훈련을 철저히 받고, 방재용 가방을 미리 준비해 놓는대.

쓰나미(Tsunami)

동일본대지진 때 쓰나미로 망가진 일본 리쿠젠타카타 시

쓰나미는 주로 지진 때문에 생기는 해일을 말해. 지진이 바다에서 일어나면 그 에너지가 바다에 전달돼 거대한 파도의 형태가 되어 해안가와 육지를 강타하게 되는 거지.
2011년 3월 11일에 일본에서 일어난 동일본대지진 때는 쓰나미로 15,800여 명이 사망하였고, 2,500여 명이 실종되기도 했어. 쓰나미가 일어나면 곧바로 높은 지대로 대피해야 해.

| 다지기를 위한 OX 퀴즈! |

문제 1

'스미마셍'은 '미안하다'는 뜻과 '감사합니다'의 뜻이 모두 있다.

문제 2

일본을 대표하는 종교는 '불교'이다.

문제 3

일본인이 폐를 끼치지 않으려는 문화를 '메이와쿠 문화'라고 한다.

문제 4

일본에서 살면서 조선 국적을 선택한 사람들을 재일조선인이라고 한다.

39쪽 가로세로 낱말 퀴즈 정답

쓰	나	미			
미			도	시	락
마			리		
셍		자	이	니	치
					료
환	태	평	양		술

53쪽 다지기를 위한 OX 퀴즈 정답

문제 1 O
문제 2 X 일본을 대표하는 종교는 '신도'야.
문제 3 O
문제 4 O

3장
한국과 일본의 역사적 관계

> 한국과 일본은 지리적으로 가까워서
> 서로에게 많은 영향을 미쳤어.
> 정치, 경제뿐만 아니라 역사적으로도
> 매우 밀접한 관계를 맺고 있지.
> 고대부터 근대에 이르기까지 두 나라는
> 동맹을 맺기도 하고, 침략과 식민지 지배까지
> 불행한 역사를 경험하기도 했어.

시작 전 몸 풀기 낱말 퀴즈

수	도	무	모	다	키	커	징
야	모	자	령	이	삼	평	홍
요	리	스	아	왕	직	등	속
이	도	요	키	아	요	시	일
문	시	평	화	가	스	본	본
화	학	삼	목	카	노	카	차
앙	징	터	머	동	사	로	사
도	요	토	미	히	데	요	시

| 문제

1. 고대 한반도 사람들이 볍씨와 농기구, 토기를 가지고 일본으로 가면서 농업을 기초로 형성된 고대 일본 문화
2. 일본 아리타 지방에서 일본 최초의 백자를 만들어 낸 사람. 일본에서 도자기의 시조인 '도조'로 받들고 있다.
3. 1590년 100여 년에 걸친 전국시대를 끝내고 일본 열도를 통일한 사람. 조선을 침략하여 임진왜란을 일으켰다.
4. 한반도에서 건너간 도래인들이 지었다고 알려진 절. 일본에서 가장 오래된 청동대불인 아스카대불이 있다.

13 옛날에는 일본이 왜나라로 불렸다고?

한국 역사를 공부하다 보면 왜구, 왜나라, 임진왜란 따위 말들을 종종 볼 수 있지? 여기서 공통으로 나오는 '왜(倭)'는 옛날에 중국에서 고대 일본 부족국가들을 부르던 이름이야. 한반도의 백제와 신라도 일본의 여러 나라들을 따로 표시하지 않고, '왜'로 기록했어.

특히 '왜구'는 13세기부터 16세기까지 한반도와 중국 가까이에 있는 바다에서 강도짓을 일삼던 일본 해적을 부르는 말이야. 고려 시대 때는 상대적으로 키와 몸집이 작았던 일본인을 '왜인'이라고 부르기도 했어.

이 때문에 일본을 일컫던 '왜(倭)'가 왜소함을 뜻하는 '왜(矮)'에서 유래했을 거라고 주장하는 사람들도 있단다. 일본을 왜나라로 부른 배경에 대해 다른 의견도 있어. 한자 왜(倭)에는 '추하다, 보기 흉하다'라는 뜻이 있거든. 그래서 '문화적으로 미개하다'라는 뜻이 담겼다는 거야. 그 당시 중국이 자기 나라 말고 다른 나라 사람들은 이방인이라고 생각해서 낮추어 부르곤 했거든.

일본은 7세기 말 통일 국가를 세우면서 나라의 이름을 '일본(日本)'으로 바꾸었어. '왜'라는 이름에서 힘이 느껴지지 않기 때문이라면서 말이야. 일본은 '태양의 근본이 되는 나라'라는 뜻이 있어.

'일본(日本)'은 일본말로 '닛폰' 또는 '니혼'이라고 말해. 우리나라에서 '일본'이라고 읽는 발음이랑 비슷하면서도 다르지?

일본이 저팬(Japan)이 된 이유

일본의 명칭을 서양에 알린 사람은 중국 원나라 시대에 아시아 지역을 여행했던 이탈리아 사람 마르코 폴로(Marco Polo)야. 그는 〈동방견문록〉이라는 책에서 일본을 금이 많이 나는 '지팡구'(Gipangu)라고 불렀다고 해.

이후 유럽의 항해가나 상인들은 중국의 동쪽에 있는 금이 많은 섬나라 '지팡구'에 대해 이야기했고, 서양 사람들이 일본을 부르던 지팡구가 Jippon이 되었다가 Japan이 된 거야.

14 고대 일본이 국가로 발전하는 데 삼국이 영향을 미쳤다고?

선사 시대부터 삼국 시대까지 우리 조상들은 일본에게 여러 가지 영향을 끼쳤어. 기원 전 3세기, 벼농사 기술이 있었던 고대 한반도 사람들이 볍씨와 농기구, 토기를 가지고 바다 건너 일본으로 갔어. 이때부터 일본에서 최초의 벼농사가 시작되었지. 도쿄 야요이 지역에서는 당시에 쓰던 토기가 아주 많이 발견되었어. 그래서 일본 선사 시대에 농업을 기초로 형성된 문화를 '야요이 문화'라고 부른단다.

그 뒤로도 일본은 가야로부터 철기 문명을 받아들였어. 가야의 토기

가야 토기

스에키 토기

는 4세기부터 일본에 전파되어 이후 일본 스에키 토기(須惠器)가 만들어지는 데 직접적인 영향을 미쳤어. '스에키'는 일본에서 기존에 썼던 무른 그릇에 비해 쇠처럼 단단하다고 하여 붙여진 이름이야. 고대 일본 사람들은 가야인을 '흙의 스승'으로 모시기도 했다고 해.

4세기 후반은 일본이 이제 막 국가로서 틀을 잡기 시작하던 때였어. 일본은 문화적으로 발달한 백제와 국교를 맺으면서 백제의 다양한 문화를 받아들였지. 일본의 요청으로 백제의 학자 아직기와 왕인이 일본으로 건너가 〈천자문〉과 〈논어〉와 같은 한학을 가르치기 시작했어. 아직기와 왕인은 일본이 학문을 익히고 문화를 발전시키는 데 큰 영향을 주었고, 이렇게 만들어진 당시의 일본 문화를 '아스카 문화'라고 불러.

고구려는 지리적으로 일본과 가장 멀리 떨어져 있었지만, 승려 중심으로 불교 문화가 일본에 전파되었어. 특히 595년(영양왕 6년)에 일본에 건너간 혜자 스님은 일본 쇼토쿠 태자의 스승으로 잘 알려져 있지. 또 승려 담징은 유교와 그림을 가르치고, 종이와 먹의 제조 방법까지 일본에 전해 주었어. 담징이 그렸다고 알려진 법륭사(호류지)의 금당벽화는 세계 미술사의 귀중한 보물로 인정받고 있단다.

또한 신라에서 온 도래인* 씨족 하타씨는 일찌감치 도쿄에 자리를 잡았어. 하타씨는 한반도에서 들여온 뛰어난 건축 기술과 양잠 기술을 일본에 전파했단다. 술을 만드는 기술 역시 하타씨가 전했다고 해. 지금도 일본에서는 하타씨인 진하승을 '술의 신'으로 모시는 신사가 있어.

일본은 삼국 시대의 문화를 다양하게 받아들였어. 고구려, 백제, 신라 삼국의 문화가 일본의 국가 형성에 얼마나 큰 영향을 미쳤는지 잘 알겠지?

일본 최초의 절은 백제인이 지었다고?

일본 최초의 절인 아스카사(飛鳥寺)는 596년 한반도의 도래인이 만든 절로 유명해. 아스카사 소개서에는 "구다라(백제)와 고우리(고구려), 시리기(신라)로부터 많은 공인들이 건너와 공사에 임했다."고 기록되어 있어. 아스카사에는 일본에서 가장 오래된 청동대불이 자리하고 있단다.

아스카대불(大佛)로 불리는 이 불상의 앉은키는 무려 2.75미터야. 불경에 기록된 부처의 키 1장 6척(약 4.8미터)에 맞춰 제작되었다고 해. 아스카사는 일본 최초로 주춧돌을 사용한 '최초의 기와집'이라고 할 수 있어.

＊ 고대 한반도에서 일본 열도로 이주해 온 사람들을 가리키는 말

일본 천황이 백제 무령왕의 후손이라고?

15

2001년 12월 23일, 아키히토 천황(125대 천황, 재위 1989년~2019년)은 자신의 생일을 기념하는 기자회견에서 한국과 일본의 기자들을 깜짝 놀라게 했어.

"나 자신과 관련하여서는 간무 천황의 생모가 백제 무령왕의 후손이라는 기록이 〈속일본기〉에 나와 있어 한국과의 인연을 느낍니다."

일본의 상징과 같은 존재인 천황 스스로 백제인이 자기 조상이라고 말한 거야. 천황이 이야기한 백제와의 인연은 대체 무엇이었을까?

일본 50대 천황인 간무 천황. 어머니가 백제 무령왕의 후손이라는 기록이 있다.

5세기 경 백제와 일본은 좋은 관계를 유지하고 있었어. 백제는 신라나 고구려가 백제를 공격하면 필요에 따라 일본의 군사력을 이용했고, 일본은 백제의 문화를 전수받아 더 강한 국가로 발돋움 하려 했지.

당시 백제인들은 일본에 높은 수준의 문화와 예술, 불교 등을 전파했어. 이런 국제적 교류 때문에 당시 백제의 왕과 왕족이 일본에서 오랜 시간을 보내는 경우가 많았던 거야.

그래서인지 몰라도 백제가 신라와 당나라 연합군에 멸망한 뒤, 많은 백제의 왕족과 귀족은 일본으로 건너갔어. 문화 수준이 높고 부유한 백제인들은 일본의 지배 계층이 되었고, 일본의 천황 가문과 혼인하기도 했지. 특히 무령왕(백제 25대 왕)의 아들 순타 태자의 후손, 황태후는 훗날 일본 간무 천황(재위 781년~806년)을 낳았단다. 8세기 백제에서 일본으로 온 사람들이 일본의 천황까지 배출한 거야. 그러니 지금 일본 천황은 무령왕의 후손이 되는 셈이지.

그런데 왜 아키히토 천황이 세계적으로 이목이 집중된 자리에서 이런 공식적인 발언을 했을까? 2002년에는 한국과 일본이 공동으로 개최

한 한일 월드컵이 있었거든. 두 나라 사이에 있었던 큰 행사를 앞두고 한국과 일본이 더 가까워졌으면 하는 바람에서 이런 말을 남겼다고 해.

아키히토 천황의 말을 통해 우리나라와 일본이 단순한 문화 교류를 넘어 역사적으로 깊은 인연을 맺고 있다는 사실을 알 수 있단다.

천황이 높을까, 총리가 높을까?

일본은 왕이 있는 나라야. 하지만 일본의 왕인 천황은 상징적인 존재일 뿐, 어떤 결정권도 없어. 헌법을 통해 "국정에 관한 어떤 권리의 주장과 행사도 불가하다"고 명시해 놓았거든. 천황은 오직 정해진 공식 행사나 자선 활동만 하고, 여행조차 마음대로 다닐 수 없지.

이에 비해 일본 총리는 실질적인 결정권과 권력이 있어. 한일정상회담과 같은 국가 정상 사이의 회의가 있을 때면 우리나라에서는 대통령이, 일본에서는 총리가 나오는 것만 봐도 알 수 있어.

그럼, 천황과 총리가 함께하는 자리에서는 어떨까? 총리는 천황 앞에서 90도로 허리를 굽혀 인사를 해. 권력의 일인자가 총리라 할지라도, 일본의 상징은 천황이기 때문이지.

16

'눈 감으면 코 베어 간다'는 속담의 뜻은?

1590년 도요토미 히데요시는 100여 년에 걸쳐 지방 다이묘들이 권력 다툼을 벌이던 전국 시대를 끝내고 일본 열도를 통일했어. 전국 통일을 이루며 기세등등해진 도요토미 히데요시는 조선을 침략하여 전쟁을 일으켰어. 1592년 임진왜란부터 시작하여 1598년 정유재란(1597년에 시작)까지 7년 동안 조선에는 말 그대로 피바람이 불었단다.

왜군은 엄청난 기세로 조선을 짓밟았어. 10년에 걸쳐 조선인을 다 죽이고 나면 조선 땅이 자기들 땅이 될 거라고 할 정도였어.

"조선 사람의 코를 베어 소금에 절여서 보내라."

도요토미 히데요시는 왜군들에게 이렇게 명령하고, 코를 베어 온 개수만큼 포상을 하겠다고 군사들을 부추겼어. 왜군들은 업적을 세우기 위해 조선인의 코를 아이든 어른이든 아랑곳하지 않고 베었다고 해.

정유재란이 끝나고 나서도 전라도 등지에서 '눈 감으면 코 베어 간다'라는 말이 생길 정도였어. 가만히 있다가도 왜군의 손에 무차별로 당하기 일쑤였으니 말이야. 지금도 흔히 쓰이는 속담에 이러한 아픈 역사가 담겨 있다는 게 참으로 안타까워.

한편 도요토미 히데요시는 조선 정복을 과시하고 그 무력을 후세에 알리고자 도쿄에 '코무덤(鼻塚)'을 만들었어. 무덤 높이는 9미터에 이르고, 베어 간 코는 기록에 나타난 개수만 12만 개가 넘는다고 해.

히데요시가 죽은 후 학자 하야시 라산(林羅山)은 코무덤이 듣기에 잔인하다며 무덤 이름을 '귀무덤(耳塚)'이라고 조작했어. 일본 사람들은 지금까지도 도쿄에 있는 코무덤을 귀무덤으로 부르고 있지.

일본은 도요토미 히데요시 사당 앞에 위치한 코무덤을 문화재로 지정하고, 최근에는 관광지로 소개하고 있다고 해. 우리 조상들의 코무덤은 언제쯤 한국으로 돌아올 수 있을까?

17 일본의 도자기 신이 우리나라 사람이라고?

1592년 조선을 침략한 왜군은 조선 땅의 개 밥그릇까지 쓸어 갔다고 할 만큼 많은 도자기를 빼앗아 갔어. 도자기를 훔치는 것으로도 모자라 일본의 영주들은 조선의 많은 도공을 일본으로 끌고 갔지. 수많은 도공과 기술자를 데려다 도자기를 직접 만들고 싶었거든.

당시 일본의 부유한 지배층 사이에서는 차(茶) 문화가 유행했어. 그래서 찻잔과 도자기를 갖고 싶어 하는 사람들이 무척 많았지. 하지만 그 무렵 도자기를 생산할 수 있는 나라는 중국과 조선뿐이었어. 전쟁 때 포로로 끌려간 도공들은 일본에서 조선의 기술로 도자기를 만들어 냈고, 그 도자기 덕분에 일본 영주들은 더 큰 부자가 될 수 있었단다.

이때 일본에 끌려간 도공 중 이삼평이라는 사람이 있었어. 이삼평은 일본 땅에서 도자기를 구워 보려 했지만 번번이 실패했어. 일본 땅의 흙이 문제였지. 일본은 화산섬이라 화산재가 많이 섞인 검은 흙이 대부분이었거든. 도자기를 구우려고 가마에 넣기도 전에 반죽이 뭉개지기 일쑤였어. 하지만 이삼평은 포기하지 않았어.

결국 1616년 이삼평은 아리타 인근 지역을 답사하며 도자기의 재료가 될 수 있는 백자광(白磁鑛)을 발견했어. 알맞은 재료를 준비하자 조선식 가마를 짓고 도자기를 굽기 시작했어. 이곳에서 만든 그릇은 하얀 빛깔에 유리처럼 반짝이는 광택이 나는 백자였어. 일본 최초로 백자가 탄생하는 순간이었던 거야.

도자기를 굽는 기술이 없었던 일본에서 이삼평의 백자는 정말 획기적이었어. 일본의 영주와 무사들은 이삼평의 백자에 열광했어. 그가 만들어 낸 백자는 부르는 게 값이라고 할 정도로 비싼 가격에 팔려 나갔지. 하지만 이삼평은 백자에서 멈추지 않고, 중국산 푸른 안료로 백자 겉면에 그림을 그려 넣은 청화백자를 만들어 냈어.

이후 이삼평의 도자기는 '이마리야키'라는 이름으로 유럽뿐 아니라 동남아시아, 인도 등지에서 큰 인기를 누렸단다. 이삼평 덕분에 일본의 도자기 수출도 활발하게 이루어졌지.

마을 사람들은 이삼평이 죽은 후 이삼평비를 세우고, 이삼평을 '도자

이삼평을 신으로 모시는 도잔신사 입구에는 새하얀 도자기로 만들어진 도리이가 있다.

기의 신'으로 모시는 신사를 만들었단다. 일본 사람들은 이삼평이 백토를 발견한 1616년을 일본 도자기의 원년이라고 소개하며, 이삼평을 도자기의 시조인 '도조'로 받들고 있어. 지금도 이삼평 가문의 후손들은 일본에서 400년 넘게 도자기의 전통을 이어 나가고 있어.

| 콕콕 일본 짚어 보기 |
일본의 과학

일본은 아시아에서 가장 먼저 서양식 과학을 받아들이고 유럽과 미국 등지로 일본 유학생을 파견한 결과 높은 수준의 과학 기술을 가지게 되었단다. 세계적으로 주목받고 있는 일본의 과학 분야들을 알아볼까?

우주 과학

일본 JAXA는 '일본 우주항공연구개발 기구'라고 해. 미국에 NASA가 있다면 일본에는 JAXA가 있다고 할 정도로 일본 우주항공 산업의 중심이라고 할 수 있어.

일본은 1977년 첫 정지 위성 발사를 성공한 이래 지금까지 30차례가 넘게 로켓을 쏘아 올렸어. JAXA는 특히 소행성 분야에서 많은 연구 성과를 가지고 있단다. 지난 2020년 12월에는 일본의 탐사선이 46억 년이 된 소행성의 토양을 채취해 지구로 돌아오기도 했어. 일본 JAXA는 2025년까지 달에 기지를 만들기 위한 계획을 진행하고 있단다.

일본 우주항공연구개발 기구 JAXA

JAXA에서 개발해서 쏘아올린 H2A 로켓

로봇

일본은 로봇 강국이야. 세계 1위의 산업용 로봇 기업 화낙(FANUC)을 포함해 세계 상위 10대 로봇 기업 중 6개가 일본 기업인 것만 봐도 알 수 있어. 특히 일본이 자랑하는 분야는 제조업에 필수적인 산업용 로봇과 '아시모(ASIMO)'로 대표되는 인간형 로봇이야.

특히 서비스 로봇 페퍼(Pepper)는 아이들의 성장을 체크해 주기도 하고, 반려동물과 놀아 주기도 하지. 노인들을 돌봐 주는 역할도 한단다. 최근 일본 정부는 이러한 공로를 인정해 페퍼를 '코로나 대책 서포터즈'로 세우기도 했어.

머지않아 로봇이 우리 생활 속으로 깊이 자리 잡으며 함께 대화하고 살아가는 날이 올 거야.

계단을 내려오는 인간형 로봇 아시모

사람들의 일상에 도움을 주는 로봇 페퍼

다지기를 위한 초성 퀴즈

다음 글을 읽고 무엇을 설명하고 있는지 초성을 보고 맞춰 보세요.

1592년부터 1598년까지 도요토미 히데요시가 조선을 침략하여 일어난 전쟁은 무엇일까? 수많은 도공이 일본에 끌려가 '도자기 전쟁'이라고도 불린다.

| ㅇ | ㅈ | ㅇ | ㄹ |

일본 간무 천황의 생모가 우리나라 백제 왕의 자손임이 밝혀져 화제가 되기도 했다. 공주에 이 왕의 고분이 있다. 백제 25대 왕인 이 왕은 누구일까?

| ㅁ | ㄹ | ㅇ |

57쪽 낱말 퀴즈 정답

수	도	무	모	다	키	커	징
야	모	자	령	이	삼	평	홍
요	리	스	아	왕	직	등	속
이	도	요	키	아	요	시	일
문	시	평	화	가	스	본	본
화	학	삼	목	카	노	카	차
앙	징	터	머	동	사	로	시
도	요	토	미	히	데	요	시

문제 1 야요이 문화
문제 2 이삼평
문제 3 도요토미 히데요시
문제 4 아스카사

73쪽 다지기를 위한 초성 퀴즈 정답

문제 1 임진왜란
문제 2 무령왕

4장
일본과 전쟁

> 18세기 후반부터 약 100년에 걸쳐 산업혁명을 달성한
> 서양의 나라들은 더욱 많은 자본을 확보하기 위해
> 아시아와 남미, 아프리카 등을 식민지로 삼았어.
> 일찍이 서양 문물을 받아들인 일본 역시
> 동아시아 초강자가 되기 위해 식민지를 찾아 나섰지.
> 조선과 만주 침략에 성공한 일본 군대는
> 동남아시아를 넘보았고,
> 미국을 기습 공격할 만큼 기세등등했어.

시작 전 몸 풀기 낱말 퀴즈

가로말을 푸는 열쇠

1. 일본이 기습 공격해 태평양전쟁이 시작된 곳. 미국의 하와이 섬에 위치해 있다.
2. 1905년 일본이 한국의 외교권을 박탈하기 위해 강제로 체결한 조약
3. 자기가 하고도 모른 척하는 태도를 뜻하는 말. 'OOO를 떼다'
4. 1940년대 조선인을 강제 징용하여 탄광 노동을 시켰던 섬. '지옥섬'이라고도 불렸다.

세로말을 푸는 열쇠

5. 어떤 일을 축하하고 환호하기 위해 두 손을 높이 들고 외치는 말. '대한독립OO'
6. 미국이 일본의 항복을 얻어 내기 위해 두 번째 원자폭탄을 투하한 도시
7. 태평양전쟁 말, 일본군 특공대의 자살 공격기
8. 짐승을 잡기 위해 파 놓은 구덩이

18 일본은 왜 조선의 주권을 빼앗았을까?

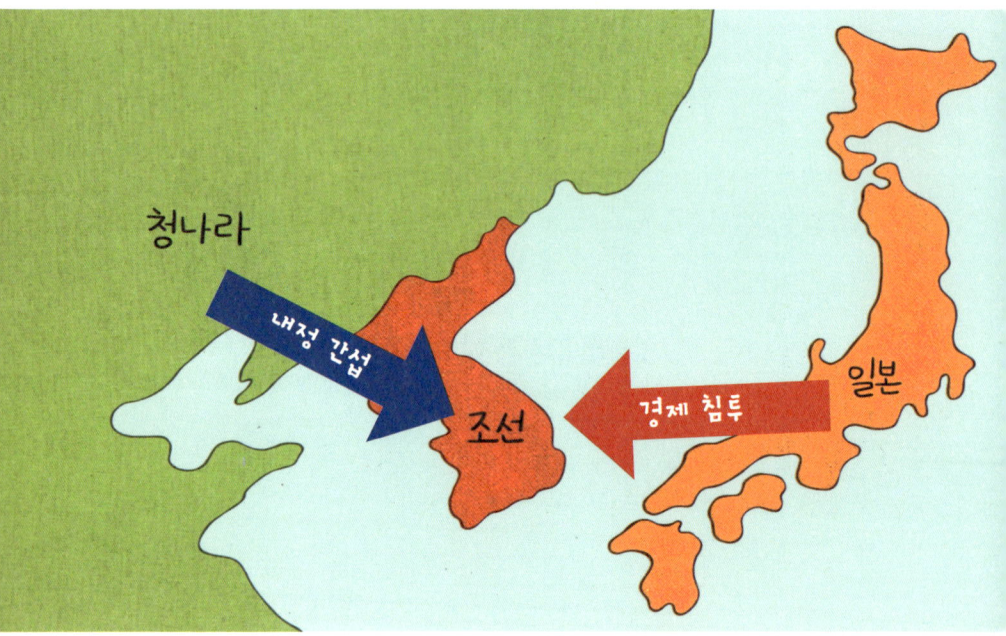

동아시아에서 가장 오른쪽에 있는 섬나라 일본이 중국이나 동남아시아로 진출하려면 한반도를 거쳐야 해. 19세기 중반, 아시아에서 유일하게 근대화에 성공했던 일본은 식민지를 거느리는 제국이 되기를 꿈꿨어. 자원이 많은 다른 나라를 일본 땅으로 만들고 싶었던 거지. 그렇게 조선을 일본 야욕을 펼치기 위한 발판으로 삼았어.

그런데 당시 조선에 눈독을 들이는 나라가 또 있었어. 바로 청나라와 러시아였지. 일본은 조선을 차지하기 전에 이 두 나라를 먼저 정리할 필요가 있었어. 기회를 엿보던 일본은 1894년 청에 전쟁을 도발했고, 사전 준비가 철저했던 일본은 청을 가뿐히 물리쳤어. 승리의 기세를 몰아 1904년 일본 군대는 러시아를 기습 공격했지. 많은 나라들은 강대국 러시아의 승리를 예상했어. 하지만 일본은 1년이 넘는 치열한 전쟁을 견뎌 냈고, 러시아가 먼저 백기를 들고 말았어.

한반도를 독차지하게 된 일본은 곧바로 '을사조약' 체결을 요구했어. 을사조약은 조선의 외교권을 빼앗기 위해 1905년에 일본이 조선과 강제로 맺은 조약이야. 조선의 주권을 압박해 사실상 한반도 지배의 발판을 마련한 셈이었지. 1910년, 일본은 한일병합조약을 맺으면서 조선을 강제 식민지로 만들었단다.

일본의 한일병합 과정

일본은 을사조약 후에 조선의 주권을 차례로 빼앗고 대한제국을 병합하기로 결정했어. 하지만 우리 민족의 저항도 만만치 않았지. 전국의 농민, 포수 등이 의병이 되어 일본군과 전투를 벌였고, 지식인들의 항일운동도 불같이 번졌으니까.

다급한 일본은 대한제국을 협박해 경찰권과 사법권마저 박탈했어. 2개 사단의 일본 군대를 동원해 의병을 탄압했고, 일본 헌병과 경찰은 조선인의 정치·사회 단체를 해산시키고 집회나 언론 활동을 금지했어.

일본은 1910년 8월 29일 대한제국의 통치권을 일본에게 넘기는 한일병합조약을 반포했고, 이날부터 경복궁에는 일장기가 걸렸어.

19 지옥섬에 끌려간 조선인들은 어떻게 됐을까?

아시아 지배를 꿈꾼 일본은 1937년에 일으킨 중일전쟁을 계기로 조선의 모든 물자를 전쟁에 동원하도록 했어. 그 뒤 한반도의 지하자원으로 군수 물자를 만들고, 당장 먹어야 할 쌀이나 곡식도 빼앗아 갔어. 심지어 사람까지도.

일본은 젊은 사람들을 일본과 동남아시아 등지로 데려가 직접 전쟁에 참가시키거나 전쟁 물자를 만들도록 했어. 어린 학생들조차 학업을 중단하고 전쟁에 동원됐다니 정말 기가 막히지?

일제강점기 때 군함도

조선인들이 강제로 끌려간 곳 중엔 일본의 군함도라는 섬이 있어. 멀리서 보면 군함처럼 보인다고 해서 '군함도'라고 부르기도 하지만, '지옥섬'이라고 부르기도 해. 당시 이곳의 해저 탄광에 동원된 약 800명의 조선인들은 지하 1,000미터 아래 가장 위험한 막장에 배치되었어.

강제징용 된 조선인들은 매일 12시간 동안 높이가 성인 남자 무릎 정도밖에 되지 않는 비좁은 막장에서 누운 자세로 석탄을 캐야 했어. 잠시 허리라도 펴려고 일어났다가는 몽둥이세례가 쏟아졌지. 게다가 하루 두 끼 허름한 주먹밥으로 배를 채우는 고된 생활에도 제대로 월급조차 받지 못했다고 하니 왜 지옥섬이라고 불렀는지 이해가 되지?

이렇게 노예나 다름없는 생활을 견뎌야 했던 조선인들은 결국 영양실조, 질식, 고문 등으로 다치거나 죽고 말았어. 다시는 고향 땅을 밟지 못한 이들이 대부분이었지.

그런데 군함도의 비극은 아직도 끝나지 않았어. 당시 피해자들은 해

저탄광을 운영한 미쓰비시 기업을 대상으로 사죄와 보상을 요청했지만, 철저하게 거부당하고 있어. 이런 상황에서 2015년 일본 정부는 군함도를 근대화 산업의 유산으로 포장했고, 군함도는 유네스코 세계유산으로 등재됐어.

이곳은 이제 많은 사람들의 발길이 닿는 관광 명소로 변신했어. 하지만 일본은 군함도에서 벌어진 조선인 강제징용의 역사에 대해서는 제대로 말하지 않고 있단다.

돌아오지 못한 귀국선

1945년 8월 15일 일본이 항복을 선언하고 나서 며칠 뒤, 약 7천 명에 이르는 조선인 강제징용 노동자들이 고향으로 가는 귀국선 '우키시마호'에 올랐어. 저마다 고향의 가족들을 다시 만날 생각을 하며 기대에 부풀어 있었지. 그런데 출발한 지 나흘 만에 우키시마호에 알 수 없는 폭발이 일어나면서 조선인들의 꿈은 바닷속으로 사라지고 말았어.

일본은 미군이 만든 기뢰에 배가 부딪쳐 침몰한 것이라고 주장했지만, 일본이 고의로 폭발물을 설치했다는 의혹이 꾸준히 제기되고 있어. 배가 폭발하기 직전, 일본인 승무원들은 고무보트를 타고 탈출했다는 증언 등이 의혹을 뒷받침하고 있지. 최근 여러 기록과 증거들이 나오고 있는 만큼 꼭 진실이 밝혀져야 할 사건이야.

잔인한 생체 실험을 한 일본 부대가 있다고?

20

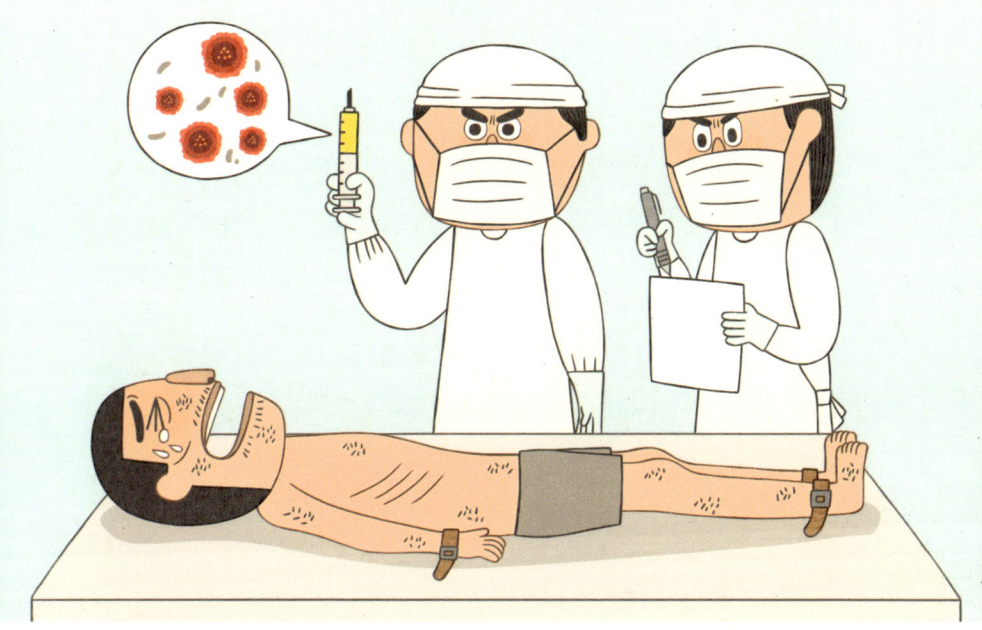

　태평양전쟁이 일어난 1941년, 731부대가 중국 하얼빈에 자리를 잡았어. 점차 본색을 드러낸 이 부대의 목적은 바로 전쟁에 필요한 각종 세균무기를 개발하고 인체 실험을 하는 것이었지.
　731부대는 당시 만주에서 활동하던 한국의 독립 운동가와 중국의 전쟁 포로들을 마구잡이로 잡아들여 인체 실험 대상자로 삼았어. 그리고 그들을 가리켜 '마루타'라고 불렀는데, 마루타는 일본말로 '껍질 벗긴 통나무'라는 뜻이야. 이 섬뜩한 단어는 암호처럼 사용되었고, 인간이 인간에게 해서는 안 될 온갖 끔찍한 일들이 벌어졌어.

그들은 실험 대상자들에게 마취도 하지 않고 독가스나 동상 실험을 했어. 살아 있는 사람을 기계에 넣고 돌리는가 하면, 동상에 걸린 병사들을 치료하는 데 가장 적절한 온도를 알아내기 위해 실험 대상자들을 영하 50도의 방에 넣어 놓고는, 얼렸다 녹였다를 반복하는 잔인한 실험을 했지.

또, 급성 감염병 중 하나인 페스트균을 보유한 벼룩 폭탄을 민간인이 있는 곳에 투하한 다음 균이 사람의 몸에 미치는 영향을 관찰했어. 실제로 당시 일본의 731부대는 이 벼룩 폭탄을 중국 시민들에게 살포해서 많은 사람들이 목숨을 잃거나 큰 부상을 입었다고 해.

그러다 1945년, 일본은 전쟁에서 질 위기에 놓이자 다급히 731부대에게 '모든 증거물을 지구상에서 사라지게 하라'는 명령을 내려. 곧바로 부대원들은 모든 시설을 불에 태우고 살아남은 수백 명의 사람을 죽여 버렸어. 전쟁에서 항복을 선언한 뒤, 일본은 미국에 각종 인체 실험 자료를 넘겼지. 미국이 자료를 넘겨받는 대가로 이후 어떤 죄도 묻지 않기로 했기 때문이야.

하지만 일본의 만행은 1981년 일본 교수가 쓴 논문과 일부 731부대원들의 증언을 통해 적나라하게 드러났어. 당시 일본인들이 받은 충격도 어마어마했지. 하지만 당시 가해를 했던 당사자들뿐 아니라 일본 정부는 아직도 사실을 인정하지 않고 있어.

태평양전쟁 때 있었던 난징대학살. 수많은 중국인이 목숨을 잃고 크게 다쳤다.

일본의 진주만 공격. 일본이 떨어뜨린 폭탄으로 침몰한 배의 모습

태평양전쟁

유럽이 한창 제2차세계대전을 벌이고 있을 때였어. 일본은 이 기회에 동아시아에 있는 유럽의 식민지를 빼앗아 태평양의 지배자가 되겠다는 야심 찬 계획을 세웠어. 그런데 미국의 방해 공작으로 일이 뜻대로 되지 않자, 1941년 일본은 미국 하와이 섬 진주만에 있는 미국 해군 기지를 기습 공격해 무수한 폭탄을 떨어뜨렸어. 이에 충격을 받은 미국의 루스벨트 대통령이 전쟁에 참가하겠다고 선전포고 했지. 그렇게 일본과 연합국 사이에 벌어진 태평양전쟁은 5년 동안 계속되었단다.

21 일본은 왜 자살 특공대를 만들었을까?

진주만 공습 이후 기세등등했던 일본은 점점 힘을 잃어 갔어. 오랜 전투를 치르면서 중요한 항공기와 우수한 조종사들을 너무 많이 잃었기 때문이지. 반면 미국은 일본 전투기에 대항할 수 있는 신형 전투기를 만들어 하늘을 완전히 장악했어.

미군을 이길 뾰족한 수가 없었던 일본은 마지막 작전으로 가미카제를 감행했어. 가미카제는 '신이 일으키는 바람'이란 뜻으로 일본군 특공대의 자살 공격기를 가리키는 말이야. 젊은 조종사들은 비행기에 폭탄을 싣고 미국 함대로 돌진해 폭파시키는 무모한 공격에 투입되었지.

가미카제는 1944년 10월 필리핀 전투에 처음 등장했어. 진주만을 습격했을 때 미군을 꼼짝 못하게 만들었던 '제로센' 항공기가 가미카제 전투기로 이용되었지.

가미카제 특공대는 미국을 비롯한 연합국 선박과 폭격기를 공격하는 데 꽤 효과적이었어. 그들의 무모한 공격이 미군에게 안긴 충격과 공포도 어마어마했지.

하지만 가미카제 작전은 그리 위협적인 공격이 아니라는 점이 금세 드러났어. 낡아 빠진 비행기가 고장을 일으키거나 그대로 바다에 추락하는 경우가 허다했지. 또한 이 비행기 어디에도 조종사를 위한 안전장치는 없었어. 되돌아올 연료조차 싣지 않았고, 이륙과 착륙에 필요한 바퀴마저 없앴다는 증언이 대부분이었니까.

그런데도 약 1년 동안 출격한 특공기가 무려 2,000대가 넘는다고 해. 그만큼 많은 젊은 목숨이 폭탄을 싣고 사라졌다는 뜻이야. 그중에는 약 18명의 조선인 소년들도 있었어.

가미카제 전투기를 조종하는 조종사들은 어린 학생들이었다.

가미카제 전투를 위해 만든 요코수카 MXY-7 Ohka

그들은 현재 일본의 A급 전범들과 함께 야스쿠니 신사에서 신으로 모셔지고 있어. 조선인 소년들의 명단을 빼 달라는 유가족들의 요청도 무시당한 채 말이야. 소년들은 죽어서까지 일본의 전쟁 도구로 이용당하고 있는 셈이야.

조선인 소년들은 어떻게 가미카제 조종사가 되었나

식민지 시절, 일본은 조선의 아동과 청년을 대상으로 모형 비행기 제작을 교육하고, 글라이더 훈련을 실시하는 등 전국적으로 다양한 비행기 관련 행사를 열었어. '비행'에 대한 환상을 갖게 된 어린이들은 조종사를 꿈꾸었고, 소년 비행 학교의 입학 경쟁률도 치솟았어. 시험에 합격하면 마을 잔치가 벌어질 정도였으니까.

하지만 이 모든 것은 일본의 철저한 계획이었어. 결국 비행 학교를 졸업한 조선 소년들은 일본의 항공 작전에 투입되었지.

일본은 어떻게 오랜 전쟁을 끝냈을까?

22

1945년 5월, 독일이 항복하면서 유럽의 전쟁이 끝난 뒤에도 일본은 전쟁을 계속했어. 연합국은 7월에 포츠담 회담을 열어 일본의 항복을 요구했지만, 일본은 아랑곳하지 않았지.

결국 미국은 마지막 방법을 쓰기로 했어. 미국 과학자들이 비밀리에 개발한 신무기인 원자폭탄을 이용해 전쟁을 하루빨리 끝내기로 한 거야.

1945년 8월 6일 미국은 '리틀보이'라는 이름의 우라늄 폭탄을 히로시마에 투하하고, 사흘 뒤 '팻맨'이라 불리는 플루토늄 폭탄을 나가사키에 투하했어. 인류 역사상 최초로 원자폭탄이 핵무기로 등장한 무시무시한 순간이었지.

원자폭탄의 충격은 상상을 초월했어. 투하부터 폭발까지 1분도 채 안 되는 시간 동안 섭씨 4,000도에 달하는 열기와 초속 340미터의 거센 폭풍으로 거대한 도시를 집어삼켰어. 반경 1.6킬로미터 이내에 있는 모든 것이 검은 재로 변하고 말았지. 히로시마 인구 중 14만 명이, 나가사키에선 7만 명이 그 자리에서 목숨을 잃고 말았어. 그들 대부분은 시민이었어.

나가사키에 폭탄이 떨어진 6일 뒤 8월 15일, 마침내 일본 천황은 방송을 통해 '연합군에 무조건 항복하겠다'는 뜻을 밝혔어. 그렇게 길고 길었던 제2차세계대전이 막을 내렸지. 동시에 일본 식민지였던 나라들도 모두 해방이 되었어. 물론 우리나라도 해방되었지.

대한민국이 해방된 날이 8월 15일 광복절이야. 전쟁이 끝난 뒤 1967년 일본의 사토 에이사쿠 총리는 '핵무기를 만들지 않으며, 갖지 않으며, 들여오지 않겠다'는 내용의 비핵 3원칙을 선언했단다.

리틀보이
특징
히로시마에 투하된 원자폭탄
길이 3미터
지름 71센티미터
무게 약 4톤

다시는 인류 역사에서 쓰이는 일이 없기를!

팻맨
특징
나가사키에 투하된 원자폭탄
길이 3.2미터
지름 1.5미터
무게 약 4.6톤

원자폭탄에 희생된 조선인

당시 히로시마에는 강제 동원 된 많은 조선인들이 군함 만드는 일을 하며 살고 있었어. 한반도에서 살 때 일본의 등살에 못 이겨 돈을 벌기 위해 일본으로 건너갔거나, 강제 징용 된 젊은이들이 대부분이었지.
원자폭탄이 폭발한 뒤에도 그들은 조선인이라는 이유로 구호물자는커녕 제대로 된 치료조차 받지 못했어. 더구나 원자폭탄의 피해는 현재까지도 진행되고 있어. 그들의 후손까지 오랜 방사능 후유증에 시달리면서 갖가지 질병으로 고통 받고 있단다.

23 전쟁 후 일본은 어떻게 부자 나라가 됐을까?

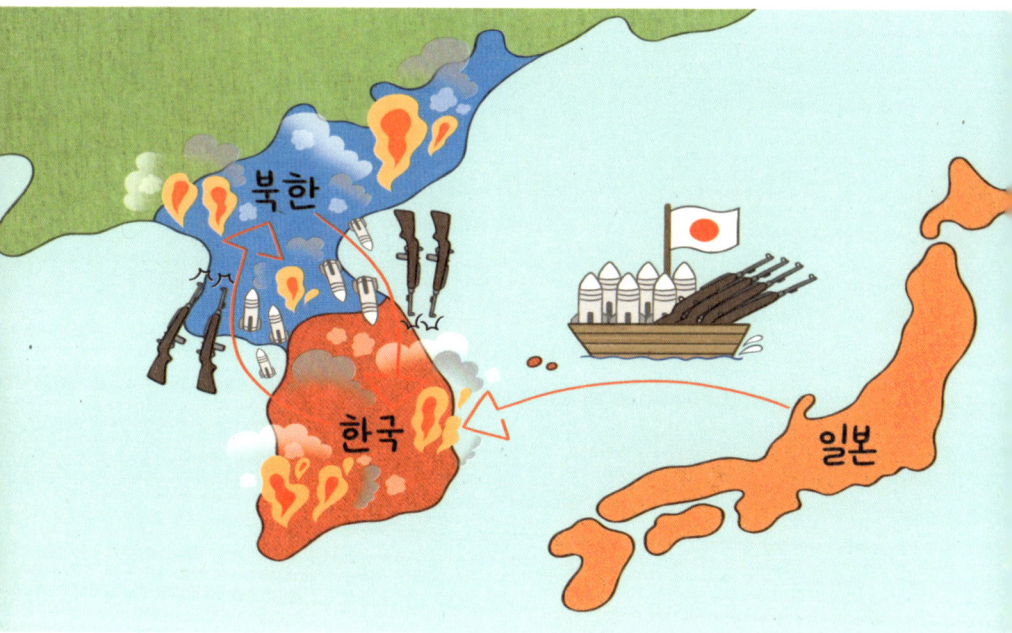

핵 폭탄을 맞고 전쟁에서 진 일본은 그야말로 잿더미가 됐어. 끝없이 추락한 일본의 경제 상황은 막 식민지에서 벗어난 우리나라와 크게 다르지 않았지. 그런데 불과 20여 년 만에 일본은 미국에 이어 세계에서 두 번째로 부유한 나라가 되었어. 그동안 대체 무슨 일이 있었던 걸까?

일본 경제가 회복할 수 있었던 가장 큰 계기는 1950년에 일어난 한국전쟁이었어. 당시 한국전쟁은 북한과 남한 사이에서만 일어나는 전쟁이 아니라 소련과 미국까지 연관된 국제 전쟁이었지.

　미국은 한국과 지리적으로 가까운 일본에서 전쟁에 필요한 물자를 가져 오기로 했어. 군복을 만들기 위해 일본의 섬유 공장이 다시 돌아가기 시작했고, 일본 자동차 회사들은 전쟁용 트럭을 만들면서 부도 위기에서 벗어날 수 있었어. 미군은 고장 난 항공기를 일본에 가져가서 고치기도 했어. 일본 사람들은 일자리를 얻었고 죽어 가던 경제에 활력이 돌기 시작했단다.

　이렇게 전쟁으로 인해 무기, 식량, 군용품, 의약품 등 군인들이 필요한 물건의 수요가 늘어나는 것을 '전쟁 특수'라고 해. 일본은 패전 후 경제가 10년 전으로 후퇴한 수준이었지만, 한국전쟁 특수로 경제를 빠르게 회복하게 되었어. 당시 일본 외화 수입의 약 40퍼센트는 한국전쟁에서 벌어들인 것이었으니까.

　일본은 이 기회를 놓치지 않았어. 자신들만의 기술력을 앞세워 카메라, 오디오, TV 등을 생산하며 엄청난 속도로 세계 시장을 장악했어. 1968년 일본은 서독(독일 서부 지역에 있었던 연방 공화국. 1990년 동독과 통합하였다.)을 제치고 미국을 잇는 세계 2위의 경제 대국이 되었지.

　2010년 일본은 중국에게 2위 자리를 내어주게 됐지만, 여전히 세계적인 경제 대국임은 분명해. 더구나 한국에서 벌어진 전쟁이라는 비극이 일본의 경제 성장에 큰 도움을 줬다는 점은 참 씁쓸하지 않니?

| 콕콕 일본 짚어 보기 |

일본의 문화유산

국제기구 유네스코는 보존할 가치가 있다고 판단하는 각 나라의 문화유산들을 '세계문화유산'으로 지정하고 있어. 일본의 세계문화유산은 무엇이 있을지 살펴볼까?

히메지성

히메지성은 1993년 일본에서 처음으로 유네스코에 등재된 세계문화유산이야. 이 성은 새하얀 외벽과 날개 모양의 지붕이 백로를 닮았다고 해서 '백로성'이라고 불러. 나무를 재료로 만든 건물이지만, 불에 강한 회반죽을 만들어 두껍게 외관을 덧칠한 덕분에 불에 잘 타지 않는다고 해.

후지산

후지산은 일본인들의 자존심이라고 할 만큼 일본을 상징하는 자연 유산이야. 높이가 3,776미터로 엄청나게 높고 크기 때문에 도쿄 시내에서도 잘 보여. 후지산은 2013년 세계문화유산으로 지정됐어.

히로시마 평화 기념관: 원폭 돔

히로시마에 위치한 원폭 돔은 1945년 8월 6일 히로시마에 원자폭탄이 투하되면서 크게 파손됐지만, 지금도 중앙 돔과 외벽 등 일부 골격이 남아 있어. 그리고 1996년 세계문화유산으로 등재되면서 원자폭탄의 참상을 보여 주는 대표 상징물로 자리 잡았어.

다지기를 위한 진실 게임

다음 중 진실을 말하고 있는 사람은 누구일까요?

진실 게임 1	 할아버지	"미국이 일본을 공격하는 바람에 태평양전쟁이 일어났어."	 할머니	"무슨 소리! 태평양전쟁은 일본이 먼저 미국을 공격해 시작됐지."
진실 게임 2	 군인	"731부대는 일본의 항공 조종사를 길러 내기 위한 시설이었어."	 의사	"731부대에서 만든 벼룩 폭탄으로 수많은 중국 시민이 희생됐어."
진실 게임 3	 남자아이	"군함도는 유네스코 세계문화유산으로 등재되어 있어."	 여자아이	"군함도에서 일했던 노동자들은 미쓰비시 기업으로부터 보상을 받았어."
진실 게임 4	 요리사	"제로센은 일본의 가미카제 공격에 사용했던 전투기야."	 마법사	"제로센은 태평양전쟁 때 미국이 사용했던 전투기야."
진실 게임 5	일본인	"제2차세계대전은 미국이 항복하면서 끝이 났지."	미국인	"제2차세계대전은 일본이 항복하면서 끝이 났지."

77쪽 가로세로 낱말 퀴즈 정답

	나		진	주	만
	가				세
을	사	조	약		
	키				가
		시	치	미	
군	함	도			카
	정				제

95쪽 진실 게임 정답

문제 1 할머니
문제 2 의사
문제 3 남자아이
문제 4 요리사
문제 5 미국인

일본과 국제 분쟁

5장

> 지구촌 곳곳에서 분쟁이 벌어지고 있지만,
> 특히 일본과 주변 국가의 갈등은 바람 잘 날이 없어.
> 과거사 문제를 해결하지 못한 한국과의 사이는
> 점점 더 얼어붙고 있고,
> 중국, 러시아와도 오랜 영토 분쟁으로 관계가 좋지 않아.
> 게다가 2011년 일본 대지진 이후 시작된
> 방사능 문제는 전 세계인을 공포에 몰아넣는 국제적 골칫거리야.

시작 전 몸 풀기 낱말 퀴즈

가로 4번, 세로 5번에는 우리말 열쇠가 숨어 있어!

1			니		
5					
		6			
	2				
7		능		8	
3			4		심

| 가로말을 푸는 열쇠

1. 제2차세계대전에 참여한 A급 전범들을 모신 일본 최대 규모의 신사
2. 우산국(오늘날의 울릉도와 독도)을 정복한 신라 시대 장군
3. 일본 역사상 임기 기간이 가장 긴 총리
4. 새롭고 신기한 것을 좋아하거나 모르는 것을 알고 싶어 하는 마음

| 세로말을 푸는 열쇠

5. 소리를 높여 마구 꾸짖는 일. '동생과 다투고 엄마에게 OO을 맞았다'
6. 2011년 동일본 대지진으로 후쿠시마 원자력 발전소에서 유출된 물질
7. 쿠릴 열도를 둘러싸고 일본과 영토 분쟁 중인 나라
8. 일본 군국주의를 상징하는 깃발로, 일장기의 붉은 태양 주위로 붉은 직선이 뻗어 나가는 모양을 하고 있다.

24 일본은 왜 이렇게 독도를 탐낼까?

독도는 대한민국 고유 영토야. 하지만 일본은 1905년, 독도에 '다케시마'란 이름을 붙이고 자기네 땅이라고 우기기 시작했어. 특히 아베가 집권한 이후로 매우 적극적으로 독도 소유권을 주장해 왔어.

일본 정부는 '다케시마의 날'을 지정해 매년 기념행사를 열기도 하고, 초등학생들이 보는 교과서를 고치도록 지시했어. 일본 학생들은 '독도는 일본의 고유 영토이며 한국이 불법 점거하고 있다'고 배우고 있단다.

일본 정부는 왜 이렇게까지 독도를 자기 땅이라고 주장하는 걸까? 독

독도. 대한민국 정부 소유의 국유지로서 천연기념물 제336호로 지정되어 있는 섬이다.

도 주변 해역은 차가운 한류와 따뜻한 난류가 만나기 때문에 다양한 어류들이 사는 황금 어장이나 다름없어. 독도가 일본 땅이 되면 주변 바다까지 일본의 영토가 되니까 바다의 천연자원을 차지할 수 있지.

하지만 이런 단순한 이유만으로 독도를 탐내는 건 아닐 거야. 일본 정치인들은 정치적으로 불리한 상황에 놓일 때면 독도 문제를 꺼내서 일본인들의 관심을 나라 밖으로 돌리곤 해. 정치적인 술수로 독도를 이용하는 거지.

2019년 일본 국방부에서 발표한 '방위백서'에는 독도 상공에서 충돌이 발생할 경우 전투기를 긴급 출격시킬 수 있다는 내용이 실렸다고 해. 전쟁을 일으켜서라도 독도를 찾아오겠다는 야심을 드러낸 거지. 그 당시 아베 총리는 과거처럼 일본을 전쟁할 수 있는 나라로 만들고 싶어

했어. 그러려면 기존의 헌법을 고쳐야 하고, 헌법을 고치기 위해선 국민들의 지지를 받아야 하니까, 독도를 이용해 일본인들의 마음을 움직이려고 노림수를 부렸는지도 몰라.

최근 일본은 스가 내각이 새롭게 구성되었지만, 스가 총리는 16년째 열리고 있는 '다케시마의 날'에 참석해서 정부 차원으로 '독도가 일본 시마네현에 속하는 일본 땅이다'라고 발표하는 등 여전히 억지 주장을 계속하고 있어.

일본 정부에게 알려 주자!
독도가 대한민국 땅인 이유

역사적이나 지리적으로 봤을 때 독도가 우리 땅인 증거는 차고 넘칠 정도로 많아.

대표적인 것들만 짚어 봐도 신라 지증왕 때 이사부 장군이 우산국(당시 울릉도와 독도를 가리키는 말)을 정복했을 때부터 독도는 대한민국 영토였어. 조선 초기 〈세종실록지리지〉에서는 울릉도와 독도가 강원도 울진군에 속한 두 섬이라고 기록했지.

국제법적 증거를 따져 봐도 1900년 대한제국 칙령 제41호를 통해 독도가 한국 영토라고 세계에 발표했어. 1905년 일본이 '다케시마' 영토 편입을 발표한 것보다 5년이나 빨랐지.

일본과 영토 분쟁을 벌이는 나라가 또 있다고?

일본은 러시아, 중국과도 오랜 영토 분쟁을 겪고 있어. 다른 나라와의 영토 분쟁에서는 일본이 어떻게 대처하고 있을까?

먼저 러시아의 남쪽, 일본 홋카이도의 동쪽에 위치한 네 개 섬을 둘러싸고 분쟁이 벌어지고 있어. 러시아에서 쿠릴 열도라고 부르고, 일본이 북방 4도라고 부르는 네 개 섬은 1855년 러시아와 조약을 맺고 일본이 차지했다가 제2차세계대전에서 패한 일본이 힘을 쓰지 못하는 사이 사실상 러시아 땅이 되었어. 이후 역사적 근거를 앞세운 일본은 러시아의 불법 점거라면서 네 개 섬 면적의 절반을 돌려 달라고 요구하고 있어. 러시아와 영토 분쟁을 하는 일본의 모습이 독도 문제랑 정반대지?

그렇다면 중국과 영토 분쟁은 어떨까? 중국은 댜오위다오, 일본은 센카쿠 열도라고 부르는 섬들을 둘러싼 갈등 역시 역사가 깊어. 이곳은 1895년 청일전쟁을 통해 일본 차지가 되었지만, 제2차세계대전 직후 미국에게 빼앗겼어. 그러다가 1972년 미국이 오키나와 반환 때 다시 일본에게 돌려주게 되었지.

중국은 역사상 중국 영토가 명백한데도 일본이 강제로 빼앗았다고 주장하지만, 일본은 '센카쿠 열도의 영토 분쟁은 없다'고 하면서 중국의 주장을 묵살하고 있어.

미국의 오키나와 반환

제2차세계대전 당시, 오키나와에서는 미군과 일본군 사이의 치열한 전투가 벌어졌어. 전쟁에서 패한 일본은 오키나와를 미국에 내주게 되었고, 미국의 통치를 받게 됐지. 이후 오키나와를 차지한 미군과 섬 주민들 사이의 갈등이 커졌고, 일본 정부는 오키나와 반환 문제를 미국과 논의하게 됐어.
1972년이 되어서야 오키나와는 미국으로부터 독립할 수 있었어. 하지만 미국은 아시아를 지켜야 한다며 미군을 계속 주둔시켰지. 지금도 일본 내 미군기지의 약 75퍼센트가 오키나와에 있단다.

일본 초등학생이 잘못된 역사를 배우고 있다고?

'역사 왜곡'은 과거의 역사를 자신들에게 유리하도록 감추거나 과장하는 일을 말해. 과거를 뉘우치기는커녕 부끄러운 과거를 감추고 싶은 일본은 학생들이 보는 역사 교과서 내용마저 왜곡하고 있어.

지난 1982년엔 일본의 역사 왜곡이 외교 분쟁으로 번진 사건이 있었어. 그해 일본 정부는 역사 교과서에서 과거 아시아 '침략'을 '진출'이라고 하면서 다른 나라를 침략하고 고통을 준 일이 별거 아닌 것처럼 가르쳤어. 또 조선의 토지를 빼앗아 간 과거를 '약탈'이 아닌 '확인'이라고 쓰고, 독립운동을 힘으로 탄압한 사실도 '질서를 바로 잡았다'는 뜻을 지닌 '치안 유지 도모'라고 표현했어.

당시 우리나라와 중국은 일본 정부에 강력하게 항의했고, 특히 분노한 우리 국민들은 일본 제품에 대한 불매 운동까지 벌였어. 결국 일본 정부가 교과서 내용을 수정하겠다는 각서를 쓰기에 이르렀지.

하지만 일본의 역사 교과서 왜곡은 지금도 계속되고 있어. 10여 년 전부터 '독도가 일본 땅'이라고 교과서에 야금야금 싣기 시작하더니, 2014년 아베 정부는 일본의 초·중·고 교과서에 독도를 일본 땅이라고 명시하는 내용을 반드시 쓰도록 의무화했어.

**독도는 일본 고유의 영토인데 한국이 불법으로 점령하고 있다.
일본은 계속 항의하고 있다.**

2020년 새 학기부터 사용된 초등학교 사회 교과서에는 위와 같은 상세한 표현까지 등장해. 또한 2021년에 사용된 중학교 교과서에도 같은 내용이 나오지. 교과서 출시에 앞서 우리 정부가 항의했는데도 단 한 글자도 고치지 않은 셈이야. 어린 학생들이 이 교과서로 공부하면서 한국에 대한 부정적인 시각을 갖게 되는 건 아닐지 걱정이 돼.

야스쿠니 신사 참배는 왜 국제적 문제일까?

27

야스쿠니 신사는 일본의 수도 도쿄에 있는 신사야. 메이지 시대 이후 일본 천황을 위해 목숨을 바친 군인의 영혼을 '일본의 신'으로 모시기 위해 1869년에 만들어진 곳이지.

문제는 이 신사에 제2차세계대전을 일으킨 책임이 있는 A급 전범들까지 함께 있다는 거야. 전쟁을 일으킨 범죄자들을 신으로 모시고 있는 거지.

이런 곳에 매년 일본 총리와 정치인들이 참배를 하니, 일본의 침략 전

야스쿠니 신사. 일본이 벌인 여러 전쟁에서 숨진 246만여 명을 신격화해 제사를 지내는 신사

쟁으로 피해를 입은 우리나라와 중국이나 동남아시아의 여러 나라 등 주변국들은 화가 날 수밖에 없을 거야. 과거의 태평양전쟁을 반성하기는커녕 자기들의 행동을 정당화하고 있으니 말이야.

주변국의 항의에 대해 아베 전 총리는 '야스쿠니 신사는 미국이나 한국, 중국에 있는 국립묘지와 같은 곳이니 야스쿠니 신사 참배는 문제될 것이 없다'고 이야기했어. 하지만 나라를 지키다가 목숨을 잃고 국립묘지에 잠든 사람들과 폭력으로 이웃 나라를 짓밟은 가해자들을 같다고 볼 수는 없어.

아베에 이어 총리직을 맡은 스가 총리 역시 야스쿠니 신사에 비쭈기나무인 '마사카키(木+神)' 공물을 바쳤어. 직접 참배하지는 않았지만, 공물로 신사에 성의 표시를 하면서 아베 내각을 계승하겠다는 의지를 밝

힌 거야.

 또 하나의 문제는, 야스쿠니 신사에는 강제징용에 끌려간 조선인 2만 천 명, 대만인 2만8천 명 등이 함께 모여 있다는 사실이야. 강제로 끌려가 죽은 것도 억울한데, 수많은 조선인이 일본을 지키기 위해 희생한 일본인이 되어 버린 거지.

 유가족들은 한국인을 야스쿠니 신사 명부에서 제외하라고 계속 요구하고 있어. 하지만 아직까지 일본 정부는 당시 그들이 일본 군인이었다는 이유로 명부 제외를 거부하고 있어.

 야스쿠니 신사 참배에는 과거 자신들의 잘못을 뉘우치기는커녕, 오히려 정당화하려는 일본 정부의 태도가 잘 드러나 있어. 부디 일본 정부가 침략 전쟁에 의해 희생된 이들을 진심으로 애도하고 전쟁의 아픔이 다시금 떠오를 만한 일을 더 이상 하지 않기를 바랄 뿐이야.

28

일본의 욱일기 응원은 왜 비난받을까?

보통 일본 국기 하면 흰 바탕에 붉은 동그라미가 있는 모양이 머릿속에 떠오를 거야. 그런데 동그라미를 중심으로 붉은 직선들이 뻗어 나간 모양의 깃발을 본 적 있어? 그게 바로 '욱일기'라는 거야.

욱일기는 1870년 일본의 육군 군기로 처음 만들어졌어. 일장기의 붉은 태양 주변으로 햇살이 퍼져 나가는 모양을 덧붙여서 만든 것인데, 그때부터였을까? 일본이 주변 국가를 정복하려는 욕심을 냈던 게 말이야. 특히 이 깃발은 일본이 제2차세계대전 당시 아시아 국가들을 침략할 때

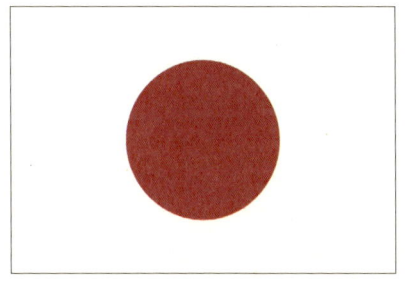
일장기

욱일기

쓰이면서 일본 군국주의(전쟁을 국가의 가장 중요한 목표로 삼는 정치체제)를 상징하게 되었어. 이후 전쟁에서 패배한 일본은 더 이상 군대를 보유할 수 없는 나라가 되었고, 욱일기 사용 또한 중단됐지.

하지만 현재 일본에서 욱일기는 사라지지 않았어. 1954년 일본이 자위대를 창설하면서 다시 욱일기를 내걸었지. 또, 침략 역사를 인정하지 않는 일본의 극우파들은 시위나 스포츠 경기 응원에서 여전히 욱일기를 휘날리고 있어. 더구나 2021년에 열릴 도쿄 올림픽 경기장에서 욱일기를 응원 도구로 사용하겠다고 하자, 한국과 중국 등 전쟁 피해를 입은 나라들의 비난이 쏟아지고 있어.

이러한 논란에도 일본은 욱일기 문양이 들어간 올림픽 메달 디자인까지 공개했어. 그 당시 피해를 입었던 국가의 국민들은 욱일기를 보는 것만으로도 아픈 과거가 떠오른다는 걸 가볍게 여기는 걸까?

현재 한국 정부는 국제올림픽위원회와 일본 측에 욱일기 사용을 중단해 달라며 계속해서 항의하고 있어. 하지만 일본은 한국이 욱일기를 정치적으로 이용하고 있을 뿐이라며 발뺌하고 있단다.

29 일본과 북한의 사이는 왜 멀어졌을까?

1970년대 말경, 일본에서는 도무지 어디로 갔는지 알 수 없는 실종자들이 늘어났어. 일본 정부는 북한이 이들을 납치했다고 의심했지. 하지만 북한은 절대 아니라며 선을 그었어.

그렇게 불편한 사이였던 두 나라의 첫 정상회담은 2002년에야 열렸어. 일본 총리 중 처음으로 평양 땅을 밟게 된 고이즈미 총리는 김정일 위원장을 만나기 전에 몇 가지 방침을 정했지.

이 모든 것은 납치 문제를 담판 짓기 위한 작전이었어. 일본이 결코

호락호락한 상대가 아니란 것을 김정일 위원장에게 보여 주고 싶었나 봐. 실제로 점심시간이 되자 고이즈미 총리는 도쿄에서 준비해 간 주먹밥과 물을 꺼내 먹었다고 하니, 초대한 국가에서 대접하는 나라 음식을 먹는 일반적인 정상회담 풍경과는 많이 다르지?

결국 이날 김정일 위원장은 북한의 특수부대원들을 일본인으로 위장시키는 교육을 위해서 일본인 열세 명을 납치했다고 인정하고 말았어. 그중 여덟 명은 이미 죽었다는 말과 함께. 일본과의 수교(나라와 나라 사이에 외교 관계를 맺는 일)를 바랐던 김정일 위원장의 통 큰 결단이었지만, 이 이야기를 듣고 경악한 일본인들은 북한을 용서할 수 없었어. 두 나라의 수교는 물거품이 되었고, 지금까지도 이 납치 문제는 말끔히 해결되지 못하고 있어.

더구나 일본은 북한의 핵미사일 실험에 가장 민감한 나라이기도 해. 몇 차례 북한이 발사한 미사일이 일본 상공을 거쳐 태평양으로 날아간 데다, 2017년 말에는 북한의 대륙간탄도미사일(ICBM)이 일본 바다에 떨어지면서 온 나라가 공포에 휩싸이기도 했어.

그런데 그러던 일본이 먼저 북한에게 손을 내밀었어. 2019년 7월 아베 총리가 공개적인 자리에서 김정은 위원장에게 만남을 제안한 거야. 북한과 미국, 한국 사이에 정상회담이 이루어지자 일본만 중요한 국제적 논의에서 제외될까 봐 두려웠던 걸까? 북한은 일본의 제안에 '낯가죽이 곰발바닥만큼 두껍다'라고 하면서 맹비난을 퍼부었어.

아베 내각 계승을 선언한 스가 총리 역시 북한의 납치 문제를 해결하기 위해 김정은 위원장과 직접 만나 담판 짓겠다고 했어. 그런데 북한은 이미 해결된 문제라며 오히려 스가 정권을 비난하고 있지.

| 콕콕 일본 짚어 보기 |
한국을 사랑한 일본인

일제 강점기 시절, 일본의 통치는 매우 강압적이었어. 많은 일본인은 한국인에게 인간다운 대우를 하지 않았지. 하지만 이런 상황에서도 한국인을 존중하며 함께 살아가려고 노력한 일본인도 있었어.

조선 백자를 사랑한 야나기 무네요시

야나기 무네요시

일본 공예운동의 아버지로 불리는 야나기 무네요시는 조선 도자기의 아름다움에 빠져 조선의 공예품을 수집하고 연구했어.
수차례 한국을 방문하며 적극적인 연구 활동으로 조선의 예술 발전에 이바지하는 한편, 식민 지배로 어려움에 처한 조선인들을 돕는 데도 앞장섰지.
특히 1921년 조선총독부가 광화문 철거를 결정하자, 이를 강하게 반대하며 '사라지려 하는 한 조선 건축을 위하여'라는 글을 발표해 일본 정부의 마음을 돌려놓았어.

조선의 흙이 된 아사카와 다쿠미

조선 총독부의 임업시험장 관리로 일했던 아사카와 다쿠미는 자신이 하는 일이 산림 조성이 아니라 강제로 나라 살림을 빼앗는 수탈이란 사실에 안타까워했어. 곧 조선의 산에 매력을 느낀 그는 조선 각지에 나무를 심고 숲을 회복하기 위해 노력했고, 많은 조선인에게 감동을 안겼어.
갑작스러운 그의 사망 소식에 많은 조선인이 몰려와 서로 관을 메겠다고 했을 정도였지. 조선의 흙이 되고 싶다는 유언에 따라 다쿠미의 묘는 서울 망우리 공동묘지에 위치해 있는데, '한국인의 마음속에 산 일본인, 여기 한국의 흙이 되다'라는 묘비명이 새겨져 있어.

조선의 독립운동을 함께한 가네코 후미코

가네코 후미코는 어린 시절을 조선의 친척집에서 보냈어. 1919년 3·1운동을 직접 목격하고 조선인들의 독립 의지에 감명을 받았어.

이듬해 일본으로 돌아온 후미코는 조선의 독립운동가 박열과 결혼하면서 본격적으로 조선의 독립운동에 가담했지. 결국 후미코는 박열과 함께 일왕 암살 계획을 세웠다는 혐의로 체포되었고, 스물셋의 나이에 옥중에서 세상을 떠났어.

지난 2018년, 가네코 후미코는 92년 만에 대한민국 독립유공자로 인정받았고 많은 사람들이 그녀의 독립운동을 기억하게 되었단다.

박열과 가네코 후미코

조선 어린이들을 돌본 다우치 치즈코

다우치 치즈코는 조선 총독부의 관리였던 아버지를 따라 전라남도 목포에서 살았어. 여학교 음악 교사로 취직한 치즈코는 공생원이라는 고아원에서 봉사 활동을 하다가, 공생원을 세운 한국인 윤치호와 결혼한 뒤로는 평생 고아들을 보살폈어.

한국전쟁 때는 남편이 행방불명된 상황에서도, 몰려드는 전쟁 고아들까지 감당하며 조선 어린이들을 정성껏 돌보았지. 1963년 우리 정부는 치즈코에게 문화훈장을 수여하였고, 현재 공생원 마당에는 목포 시민들의 성금으로 세운 기념비가 그녀를 기리고 있단다.

가짜 뉴스를 찾아라!

다음 기사 중, 두 개의 가짜 뉴스를 찾아서 바르게 고쳐 써 보세요.

열알일보

'다케시마의 날' 강행한 일본 정부
① '다케시마의 날' 행사를 진행한 일본 정부에게 러시아 정부가 강력한 항의를 표시했다.

경기장에 웬 욱일기?
② 일본의 극우 단체는 스포츠 경기를 응원하며 욱일기를 휘날렸다.

일본 교과서에 실린 역사 왜곡
③ 아베 정부는 초등학교 교과서에 '독도는 일본 땅'이라는 내용을 의무적으로 싣도록 했다.

'죽어서도 고통받는가?'
④ 일본은 야스쿠니 신사에 안치된 한국인 명부를 삭제해 달라는 유족들의 요청을 받아들였다.

일본의 방사능 물질, 동해 앞바다로?
⑤ 2011년 일본의 대지진으로 대량의 방사능 물질이 유출됐다.

99쪽 낱말 퀴즈 정답

야	스	쿠	니		
단					
		방			
	이	사	부		
러		능		욱	
시				일	
아	베		호	기	심

117쪽 가짜 뉴스를 찾아라! 정답

① '다케시마의 날' 행사를 진행한 일본 정부에게 <u>한국 정부가 강력한 항의를 표시했다.</u>
　→ '다케시마의 날'은 일본 정부가 '독도는 일본 땅'이라고 주장하며 만든 기념일이에요.

④ 일본은 야스쿠니 신사에 안치된 한국인 명부를 삭제해 달라는 유족들의 요청을 <u>받아들이지 않았다.</u>
　→ 유족들이 한국인 명부를 삭제해 달라고 소송을 제기했지만, 일본 법원이 패소(소송에서 짐) 판결을 내렸어요.

6장
일본이 인정하지 않는 것들

> 근대 역사에서 한국을 비롯한
> 아시아 여러 국가를 침략한 일본 때문에
> 피해를 입은 사람들 수는 엄청나.
> 하지만 일본은 자신들의 잘못을 반성하기는커녕
> 과거의 잘못을 지우려는 태도를 보여 피해자들에게
> 더 큰 상처를 주고 있지.
> 피해자들이 바라는 건 오직 하나,
> 일본의 자발적이고 진정한 사과인데도 말이야.

시작 전 몸 풀기 낱말 퀴즈

가로 3번, 4번, 세로 5번에는 우리말 열쇠가 숨어 있어!

가로말을 푸는 열쇠
1. 일본의 최대 도시이자 수도
2. 반도체 생산에 사용되는 핵심 소재로, 2019년 일본이 수출 규제 조치를 내렸다.
3. 어떤 사람이 편안하게 잘 지내는지 소식을 전하거나 묻는 일
4. 남의 말을 그대로 받아들이지 않고 그 자리에서 자기 의견을 나타냄. 또는 그 말. "어른 말씀에 사사건건 ○○○를 하니?"

세로말을 푸는 열쇠
5. 그림을 그리는 데 쓰는 종이
6. 일본군 위안부 문제를 널리 알리기 위해 설치한 상징물, '평화의 ○○○'
7. 만주 하얼빈에서 이토 히로부미를 저격하고 순국한 독립운동가
8. 일본이 나라의 안전을 위해 조직한 단체로, 실질적인 일본 군대 역할을 하고 있다.

30 일본은 왜 강제징용 피해자에게 사과하지 않을까?

2018년 우리나라 대법원으로부터 반가운 소식이 들려왔어. 1941년부터 4년 동안 신일본제철(당시 '일본제철'의 일본 공장)에 강제로 끌려가 중노동을 하고도 임금을 받지 못한 피해자들에게 일본 기업이 각 1억 원씩을 배상하라고 판결을 내린 거야. 이 소송이 무려 21년이나 걸린 탓에 피해자 네 명 중 세 명은 이미 돌아가신 뒤에야 최종 판결이 났지만, 많은 강제징용 피해자들의 깊은 한을 조금이나마 풀어 줄 수 있었어.

이 판결을 지켜본 일본 정부와 기업은 인정할 수 없다며 발뺌했어. 오히려 과거 한일청구권 협정으로 해결된 문제를 뒤집는 거냐며 큰소리 쳤지.

'한일청구권 협정'은 1965년 한국과 일본이 국교 정상화를 위해 맺은 조약들 중 하나야. 당시 일본은 한국 정부에 5억 달러(한화 약 5,600억 원)를 보상하는 대신 '두 나라 사이의 보상 문제는 완전히 해결된다'는 내용을 조약에 넣었어. 일본 정부는 이 협정을 들어 자기들은 이미 보상했으니 한국 피해자들에게 따로 배상할 의무가 없다고 주장하는 거야.

하지만 당시 협정에는 일본이 우리나라를 식민 지배한 일에 대해 반성이나 사과하는 내용이 담겨 있지 않아. 보상금 또한 한국 경제를 돕는 의미로 지불한 것이고 실제로는 우리나라 경제 개발에 사용되었지. 그렇기 때문에 우리나라 대법원은 개인이 일본 기업에 대해 배상을 요구할 수 있는 권리는 여전히 살아 있다며 피해자들의 손을 들어 준 거야.

미국과 중국 전쟁 피해자들에게 사과한 일본

2015년, 일본 미쓰비시 기업 대표단은 미국을 찾아 당시 미군 포로와 가족들을 만났어. 그들은 제2차세계대전 당시 탄광 등에서 강제 노역이 있었다는 사실을 인정하고 허리를 90도로 굽혀 사죄하는 모습까지 보였지. 또, 2016년에는 중국에서 열린 재판 결과에 따라, 중국인 강제징용 피해자 3천7백여 명에게 1인당 10만 위안(약 1880만 원)을 지급하기로 하고, 사과의 뜻을 담은 화해 문서도 전달했어. 우리 대법원 판결에 반발하는 모습과는 확연히 다른 태도를 보였지.

31 일본은 왜 한국에게 경제 보복을 했을까?

강제징용에 대한 한국 대법원 판결에 불만을 가진 일본은 2019년 여름, 이른바 경제 보복을 시작했어. 일본 정부가 불화수소 같은 반도체 소재 세 개 품목을 더 이상 한국에 수출하지 않겠다고 선언한 거야. 불화수소는 반도체 제조 과정에서 사용하는 필수 소재인데, 대부분 일본산에 의지해 왔기 때문에 우리 시장에 커다란 충격을 안겼어. 세계 최대 반도체 제조국으로 손꼽히는 우리나라가 자칫 공장 가동을 멈춰야 할 수도 있게 된 거야.

일본은 여기에 그치지 않고 곧이어 한국을 '백색 국가(화이트리스트)'에서 제외하겠다는 결정을 통보했어.

'화이트리스트'란 자기 나라의 안전에 위협이 될 수 있는 첨단 기술이나 전자 부품을 수출할 때, 수출에 필요한 절차를 최소한

한국의 일본 제품 불매 운동. 2019년 7월부터 시작되었으며 일본, 또는 관련 기업의 제품을 구매하거나, 소비하지 않겠다는 취지의 운동이다.

으로 줄이도록 지정한 물품 목록을 말해. 보통 화이트리스트를 적용받는 백색 국가는 미국, 영국, 프랑스 독일 등으로 민감한 물품을 수출해도 좋을 만큼 신뢰한다는 거야. 따라서 백색 국가에서 빼겠다는 것은 더 이상 한국을 수출 대상 국가로 신뢰하지 않는다는 뜻이지.

이렇게만 보면 일본이 칼자루를 쥐고 있는 것 같지만, 한국을 백색 국가에서 제외한 이후 일본 기업들 사이에서 불만의 목소리가 나오기 시작했어. 일본의 대표적인 불화수소 제조업체의 경우, 수출이 한 달만 늦춰져도 매출이 크게 줄어드는 손해를 감당해야 했거든.

또, 일본의 경제 보복에 분노한 우리 국민들이 벌인 일본 제품 불매 운동의 대가도 만만치 않았지. 그동안 한국에서 잘나가던 일본 자동차, 일본 맥주, 일본 의류를 사지 않는 것은 물론 일본 여행까지 자제하면서 일본 시장은 큰 타격을 입었어.

하는 수 없이 일본은 반도체 소재 수출을 하나씩 허가하기 시작했지. 하지만 최근 우리 기업이 불화수소 국산화에 성공하면서 더는 일본 제품에 의존할 이유가 없어졌어. 위기에 맞서 더 나은 해법을 찾아낸 거지. 결국 일본 내에서도 수출 규제 조치는 '제 살 깎아 먹기'였다는 분석이 나오기도 했단다.

일본 제품 불매 운동에 기름 부은 광고

일본 의류 브랜드 유니클로는 일본 제품 불매 운동(NO JAPAN)으로 엄청난 매출 하락을 겪었어. 그런데 2019년 겨울 제품을 소개하는 유니클로 TV광고에 묘한 대목이 등장했어. 소녀와 이야기를 나누는 할머니가 "맙소사! 80년도 더 된 일을 어떻게 기억하냐고?"라고 말하는 한국어 자막이 나오는 거야.

80년 전이라면 일본의 본격적인 약탈이 시작되었던 1930년대 후반이잖아. 그러니 일본에 사과를 요구하는 위안부 할머니들을 비꼬는 의도로 비춰질 수밖에.

논란 끝에 유니클로는 이 광고를 중단하긴 했지만, 불매 운동은 더욱 거세졌지. 결국 유니클로는 한국에서 몇몇 매장을 철수해야 했단다.

일본은 왜 평화의 소녀상 설치를 반대할까?

32

치마, 저고리 차림에 단정히 두 손을 모으고 앉아 있는 단발머리 소녀를 만난 적이 있니? 어디선가 본 것 같다고? 그래, 일본군 위안부 피해자 모습을 본뜬 '평화의 소녀상' 모습이야.

평화의 소녀상은 2011년 서울 종로의 주한 일본 대사관 앞에 처음 설치된 것을 시작으로, 전국 각지와 미국, 유럽 등 해외에도 세워져 위안부 문제를 알리는 역할을 하고 있어. 무엇보다 일본이 정식으로 잘못된 역사를 반성하고 위안부 할머니들에게 진정으로 사과할 것을 요구하는

수요시위. 일본군 위안부 문제 해결을 위해 주한 일본대사관 앞에서 매주 수요일 정오에 열리고 있는 집회

상징물이지.

하지만, 자신들이 감추고 싶은 과거를 들추는 소녀상이 설치될 때마다 일본은 강력하게 반발해 왔어. 소녀상을 눈에 보이는 대로 없애려고 안간힘을 써 왔지. 2012년 부산 영사관 앞에 소녀상이 설치됐을 때는 일본 정부 차원에서 항의를 표시하며, 주일 한국대사를 일시적으로 귀국 조치 했다가 한국에 복귀시키기도 했어.

또, 미국에 첫 소녀상 설치가 알려졌을 때는 일본 극우 단체가 항의 문서를 보내고 철거 소송까지 내면서 방해 공작을 펼쳤어. 그럼에도 소녀상이 설치되자, 소녀상 얼굴에 동물 배설물을 묻히고 펜으로 낙서하는 일이 벌어지기도 했지.

2019년 일본의 경제 보복으로 한일 관계가 나빠지자 평화의 소녀상에 항의하는 일본의 위협도 더욱 심각해졌어. 그해 일본 최대 국제예술제에 소녀상이 전시되었는데, 소녀상을 철거하지 않으면 테러를 저지르겠다는 항의 전화가 빗발쳤어. 나고야 시장 역시 소녀상 전시가 일본인들의 마음을 짓밟는다는 이유를 대며 국제예술제 주최측에 전시 중단을 요청했지. 결국 개막 사흘 만에 소녀상 전시는 중단되고 말았어.

평화의 소녀상에는 어떤 뜻이 담겨 있을까

베를린에 세워진 평화의 소녀상

평화의 소녀상은 일본군 위안부 피해 할머니들이 일본으로 강제로 동원되었던 때인 열네 살에서 열여섯 살 정도의 모습을 상징적으로 나타냈어. 소녀상의 단발머리는 부모와 고향을 떠나 우리나라가 일본으로부터 해방되기 전까지 만날 수 없었던 단절의 아픔을 나타내고 있어.

또, 살짝 들려 있는 맨발의 뒤꿈치는 도망가지 못하도록 신발을 빼앗겼던 소녀들이 해방 뒤 고향에 돌아와서도 마음 편히 정착하지 못한 설움을 상징하지.

어깨 위에 앉은 작은 새가 보이니? 세상을 떠난 할머니들과 현재의 우리를 이어 주는 매개체야.

소녀상 옆에 둔 빈 의자는 세상을 떠난 할머니들의 빈자리를 뜻하기도 하지만, 우리가 같이하며 공감할 수 있는 자리를 뜻하기도 해. 잠시 그 자리에 앉아 할머니들의 아픔에 공감해 보는 건 어떨까?

33 방탄소년단은 왜 일본 방송에서 출연 금지를 당했을까?

2018년 말, 아이돌그룹 방탄소년단(BTS)이 첫 도쿄돔 콘서트를 앞두고 있었을 때의 일이야. 일본 아미(BTS 팬클럽 이름)가 도쿄 출격을 앞두고 있던 그때, 일본 방송국들이 예정돼 있던 방탄소년단의 출연을 줄줄이 취소했어. 일본의 한 매체에서 방탄소년단 멤버 지민이 원자폭탄이 터지는 그림이 찍힌 티셔츠를 입었다며 트집을 잡으면서 불거진 일이었지.

일본인들에게 원자폭탄이란 불행한 역사의 한 장면을 떠올리게 해.

과거 태평양전쟁 당시 미국이 히로시마 지역과 나가사키 지역에 원자폭탄을 투하하면서 엄청나게 많은 사람들이 희생되었기 때문이야. 일본 언론은 이 티셔츠의 그림을 근거로 '방탄소년단 반일 활동을 하고 있다'고 보도하며 여론을 부추겼고, 실제로 일본의 일부 온라인 커뮤니티에서는 방탄소년단을 비난하는 댓글이 퍼지기도 했어.

하지만 많은 일본 대중들은 언론이 방탄소년단을 이용해 혐한(한국을 혐오하는 감정. 반한감정이라고도 함.) 감정을 부추기려는 것 아니냐며 일부 언론의 태도를 문제 삼기도 했어. 도쿄돔에서 열리기로 예정된 방탄소년단의 콘서트는 시위대가 잔뜩 몰려가 실패로 끝날 것이라고 보도한 것과 달리 실제로는 무사히 치러질 수 있었지.

얼마 후, 방탄소년단의 소속사는 티셔츠의 제작 의도와 다르게 원폭 피해자들에게 상처를 안긴 부분에 대해 공식으로 사과했어. 우리나라에도 원폭 사건의 피해자들이 있는 만큼, '한국의 히로시마'라고 불리는 경남 합천 지역에서 피해자들을 만나기도 했단다.

이 사건을 통해 한국과 일본 모두 서로의 아픈 역사를 다시 한 번 이해하는 계기가 되었으면 해.

34. 일본 정부는 왜 헌법 제9조를 고치려고 할까?

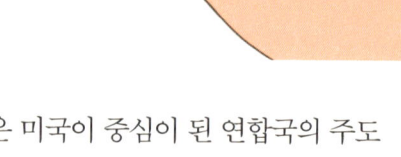

헌법 제2장의 제9조항

① (전쟁의 포기) 일본국민은 정의와 질서를 기조로 하는 국제평화를 성실하게 희구하여, 국권의 발동에 의한 전쟁과 무력에 의한 위협 또는 무력의 행사는 국제분쟁을 해결하는 수단으로서는 영구히 이를 포기한다.

② (군비 및 교전권의 부인) 전항의 목적을 달성하기 위해 육해공군 및 그 밖의 전력을 갖지 않는다. 국가의 교전권은 인정하지 않는다.

"헌법 9조 자위대를 유지한다. 이 항목만 넣으면……"

제2차세계 대전에서 패한 일본은 미국이 중심이 된 연합국의 주도 하에 일본 평화 헌법을 만들어야 했어.

일본 평화 헌법의 조항은 다음과 같아.

헌법 제2장의 제9조항

① (전쟁의 포기) 일본 국민은 정의와 질서를 기조로 하는 국제평화를 성실하게 희구하여, 국권의 발동에 의한 전쟁과 무력에 의한 위협 또는 무력의 행사는 국제

분쟁을 해결하는 수단으로서는 영구히 이를 포기한다.

② (군비 및 교전권의 부인) 전항의 목적을 달성하기 위해 육해공군 및 그 밖의 전력을 갖지 않는다. 국가의 교전권은 인정하지 않는다.

일본은 다른 나라와 전쟁을 하지 않으며 어떠한 군대도 거느리지 않겠다는 뜻이야. 세계대전을 일으킨 나라로서 일종의 벌을 받은 셈이지.

하지만 일본은 1950년부터 군대와 비슷한 '경찰 예비대', '해상 경비대' 등을 만들었고, 1954년에는 '자위대'로 이름을 바꾸었어. 자위대는 '자신을 지키기 위한 부대'라는 뜻이야.

일본 정부가 최첨단 무기를 사들이는 등 엄청나게 많은 돈을 군사비로 투자하면서, 자위대는 실질적인 일본 군대로 성장하고 있어. 하지만 모든 일본 국민들이 일본에 군대가 있어야 한다고 여기는 건 아니야. 되레 정부가 헌법을 위반하고 있다며 소송을 내는 등 국민들의 반대 여론도 만만치 않아.

2012년 12월부터 2020년 9월까지 총리를 지낸 아베는 재임 기간 내내 아예 평화 헌법을 고치겠다는 의지를 드러냈어. 헌법 제9조에 '자위대를 유지한다'는 항목을 추가하고, 최종적으로 일본을 전쟁할 수 있는 나라로 만들겠다고 공표했지.

일본 정부는 세계대전을 일으킬 정도로 강력한 군사력을 가졌던 과거의 영광을 되찾고 싶어 해. 그 말은 곧, 유럽, 미국과 같은 서양 강대국과 어깨를 나란히 할 수 있는 동아시아 제일의 강국을 꿈꾸는 거지. 급

성장한 중국이 일본을 누르고 세계 2위 경제 대국으로 올라서자 더욱 마음이 급했던 아베는 한국에 경제 보복을 강행하면서까지 국민의 지지를 얻어 내려고 했어.

2020년 9월, 아베는 건강상의 이유로 갑자기 총리 자리를 내려놓게 됐지만, 신임 총리가 된 스가 요시히데가 아베의 뜻을 이어 헌법 개정을 추진하겠다고 밝혔어. 일본 정부의 위험한 도전에 많은 나라들이 우려의 시선으로 지켜보고 있단다.

신임 총리 스가 요시히데는 누구일까?

스가 요시히데는 정치 명문가 출신으로 분류되었던 아베와 달리, 딸기 농가의 장남으로 태어났어. 그는 1987년 요코하마 시의원으로 당선되며 본격 정치 생활을 시작했고 아베 집권 2기가 시작된 2012년부터 약 8년 동안 관방장관으로 재임했어.

일본의 관방장관은 각 중앙행정기관의 주요 정책을 총괄하고 조율하는 자리인 만큼 스가는 아베 정권의 2인자로 불려 왔어. 자민당의 총재 선거를 통해 새 총리로 선출된 그는 2020년 9월 아베가 물러나면서(2021년 9월까지) 총리직을 맡을 예정이야.

일본 정치인들이 망언을 계속하고 있다고?

35

일본 정치인들이 내뱉은 말이 한국인의 분노를 유발하는 일이 자주 있었어. 그중 사회적으로 큰 문제를 일으킨 말을 '망언'이라고 하는데, 일본의 흔한 망언 중에는 일본의 식민 지배 덕분에 한국이 지금의 경제 발전을 이루었다는 주장이 있어.

일본은 36년간 한국의 민둥산을 푸르게 만들었고 철도를 깔고 논을 늘려 한국인에게 많은 이익을 주었다."

- 구보타 간이치로 (1953년 한일회담 당시 일본 측 수석대표로 참석해서 발언함.)

"일본이 조선을 통치한 것은 조선을 더 낫게 하려고 한 일이었다. 일본이 20년쯤 조선을 더 지배했다면 좋았을 것이다."

- 다카스기 신이치 (1964년 한일회담 일본 측 수석대표로 참석한 뒤 이듬해 일본 기자들과의 자리에서 발언함.)

당시 일본은 조선총독부를 설치해, 회사를 세울 때는 총독의 허가를 받도록 했어. 그러자 한국인은 회사를 꾸려 나갈 기회를 빼앗겼고, 외국 기업도 한국 땅에 들어오지 못했어. 자유로운 무역 활동을 제지당한 조선의 경제는 더욱 바닥을 쳤지.

또한 일본의 철도 건설은 그들의 지배력을 곳곳으로 뻗치고 조선의 자원을 빼앗아 가기 위한 수단이었을 뿐이야. 그 과정에서 얼마나 많은 조선인들의 노동력이 동원되었는가를 무시한 망언이라고 할 수 있지.

또한 위안부와 관련된 숱한 망언은 피해자들에게 엄청난 상처를 주고 있어.

"일본이 위안부 여성들을 강제로 끌어냈다는 증거는 없다."

- 아베 신조 (2016년 총리 시절 참의원 예산위원회에서 발언함.)

"전쟁 중에 위안부 제도는 필요했다."

- 하시모토 도루 (2013년 오사카시장 당시 기자회견에서 발언함.)

"위안부 피해자들에 대한 사과는 털끝만큼도 생각 않는다"

– 아베 신조 (2016년 중의원 예산위원회에서 발언함.)

피해자들이 한결같이 바라는 것은 일본의 자발적이고 진정한 사과야. 그런데도 총리까지 나서서 위안부 제도의 강제성이 없었다는 망언을 반복하며, 국가적 책임에서 벗어나려고 하고 있어.

또, 우리 국민의 자존심을 건드리는 독도 관련 망언도 꾸준해.

"다케시마는 역사적 사실에 비추어도, 국제법상으로도 일본 고유 영토가 맞다."

– 스가 요시히데 (2017년 관방장관 당시, 다케시마의 날과 관련해 질문한 기자의 질문에 대답한 말)

"다케시마를 전쟁으로 되찾을 수밖에 없는 건 아닌가."

– 마루야마 호다카 (2019년 한국 국회의원들의 독도 방문을 두고 일본 중의원이 SNS에 쓴 글 중)

급기야 '전쟁'이란 단어까지 입에 올린 의원에 대해서는 일본 내부에서도 비판의 목소리가 높았다고 해. 이렇게 망언을 되풀이하는 일은 가뜩이나 좋지 않은 양국 사이를 망치는 방해 요소가 될 뿐이야.

| 콕콕 일본 짚어 보기 |

일본 정치인과 한일 관계

일본은 메이지유신 시대인 1885년, 나라의 정치제도로 의원내각제를 채택했어. 내각제에서는 통상 국회에서 다수 의석을 확보한 정당 대표가 총리를 맡게 되지. 총리는 스무 명 이내의 국무대신을 임명해 나라의 행정을 이끌어 간단다.
우리가 주목할 일본의 대표 정치인은 누가 있을까?

이토 히로부미

이토 히로부미는 일본의 근대화를 이끈 인물이야. 1868년 메이지 정부가 들어서자 메이지 헌법의 기초를 마련하고, 1885년 의원내각제가 시작되면서 첫 번째 총리를 비롯해 네 번이나 총리를 지냈지.
일본에선 존경받는 정치인이지만, 우리에겐 식민지 역사를 상징하는 인물이기도 해. 대한제국을 압박해 강제 을사조약을 맺고, 이후 초대 조선통감으로 부임해 고종을 황제 자리에서 끌어내렸지.
1909년 중국 하얼빈 역에서 독립운동가 안중근에게 총을 맞고 사망했어.

고노 요헤이

고노 요헤이는 1993년 내각관방장관을 맡고 있던 당시 고노담화를 발표해 우리나라에도 잘 알려진 인물이야. 고노담화는 고노 요헤이가 일본군 위안부 동원의 강제성을 인정하고 사죄한 일본 정부의 공식 입장을 담은 발표야. 일본 정부로선 처음으로 '사과(お詫び)'라는 직접적인 표현도 사용했어.
이후 한국과 일본은 고노담화를 발판으로 외교 관계가 진전될 수 있었어.

고이즈미 준이치로

고이즈미 준이치로는 2001년부터 2006년까지 세 번의 총리를 지냈어. 임기 중 여섯 차례나 야스쿠니 신사 참배를 강행하며 한국과 중국으로부터 큰 반발을 산 인물이기도 하지. 제2차세계대전의 전범들을 향해 고개를 숙이는 총리의 모습이 전쟁 책임을 부정하는 것으로 보였기 때문이야.
한편 김대중 당시 대통령에게 정상회담을 제안하는 친서를 보내고, 수차례 한국을 방문하는 등 한일 관계 개선을 위해 여러 노력을 펼쳤어.

아베 신조

아베 신조는 3대에 걸친 정치 가문 출신이야. 일명 '금수저 정치인'이라고 불리는 아베는 1차 집권(2006년 9월~2007년 9월) 이후 2차 집권(2012년 12월~2020년 9월)을 하면서 일본 역사상 가장 오랜 기간 동안 총리 자리를 지켰어.
2006년 10월엔 일본 총리로는 처음으로 서울의 국립 현충원을 참배하며 우리와 좋은 관계를 유지할 것으로 보였지만, 2차 집권기에 한국에 대한 수출 규제 등 갈등을 키우면서 한일 관계가 위기에 놓였어.

다지기를 위한 초성 퀴즈

다음 초성에 해당하는 낱말은 무엇일까요?

① 2018년 한국 대법원은 신일본제철을 상대로 ㄱㅈㅈㅇ 피해자들이 제기한 소송에서 일본 기업의 배상을 판결했다.

② 일본의 평화 헌법에는 '일본은 ㅈㅈ을 하지 않고, ㄱㄷ를 갖지 않겠다'라는 내용이 담겨 있다.

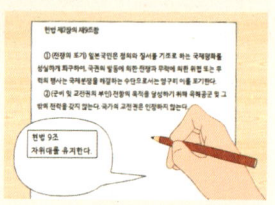

③ 일제강점기 시절, 일본은 ㅈㅅㅊㄷㅂ를 만들어 한국이나 외국 기업이 회사를 세울 때는 반드시 허가를 받도록 했다.

④ 2019년 일본은 한국을 ㅎㅇㅌㄹㅅㅌ에서 제외하겠다고 통보했다.

⑤ 평화의 소녀상의 ㄷㅂㅁㄹ는 강제로 끌려가야 했던 10대 소녀의 아픔을, ㅁㅂ은 고향에 돌아와서도 마음이 편치 못했던 소녀의 설움을 상징한다.

121쪽 낱말 퀴즈 정답

도	쿄				
화		불	화	수	소
지					녀
					상
안	부		자		
중			위		
근		말	대	꾸	

140쪽 초성 퀴즈 정답

문제 1 강제징용

문제 2 전쟁, 군대

문제 3 조선총독부

문제 4 화이트리스트

문제 5 단발머리, 맨발

| 가나다로 찾아보기 |

가
가미카제 86~88, 95
가부키 34
가타카나 7
강제징용 46, 82, 109, 122~123
군함도 81~82, 95
규슈 6

나
닌자 31~33

다
독도 100~102

마
마쓰리 34
마와시 22~24
만화 20~21

바
백자 57, 69, 115

사
사무라이 13, 31~33
쇼군 32
쇼쿠닌 19
스모 22~24, 35
스시 28~29
시코쿠 6, 26
쓰나미 52

아
아스카사 62
야스쿠니 신사 88, 107~109, 139
야요이 60
오리가미 34
오키나와 7, 104
온천 25~27, 35
왜나라 58~59
우키요에 14~16, 35
욱일기 110~111, 117
원자폭탄 77, 89~91, 94, 130
위안부 121, 126~129, 135~138
을사조약 79, 138
일장기 7, 79, 110~111
임진왜란 57~58, 66

자
장인 18, 29
재일조선인 39, 47~48, 53
제2차세계대전 85, 90, 95, 99, 103~104, 107, 110, 139

차
천하제일 17~18
천황 7, 30, 43, 63~65, 90, 107
초밥 28~29

타
태평양전쟁 83, 85, 95, 131

파
평화 헌법 132~133, 140
평화의 소녀상 127~129, 140

하
한국전쟁 47, 92~93, 135
혼슈 6~7
화이트리스트 124~125
홋카이도 6~7, 103
히라가나 7
히로시마 90~91, 94, 131

| 참고한 책 |

강창훈, 『일본사 편지』, 책과함께어린이, 2014.
김용운, 『어린이 외교관 일본에 가다』, 뜨인돌어린이, 2012.
김향수, 『일본은 한국이더라』, 문학수첩, 1995.
신상목, 『학교에서 가르쳐주지 않는 일본사』, 뿌리와 이파리, 2017.
박영수, 『어린이를 위한 한일 외교사 수업』, 풀과바람, 2012.
방인화, 이상구, 『모방과 창조의 나라 일본 이야기』, 미래엔아이세움, 2016.
장은선, 『일본대탐험! 사라진 구슬을 찾아라』, 한겨레아이들, 2017.
정형, 『사진 통계와 함께 읽는 일본 일본인 일본문화』, 다락원, 2018.
조양욱, 『일본 상식문답』, 기파랑, 2009.

열세 살까지 꼭 알아야 할
35가지 일본

1판 1쇄 인쇄 2021년 7월 5일
1판 1쇄 발행 2021년 7월 26일

글 이선경. 이호영
그림 이한울
발행인 손기주

편집 박세미   디자인 썬더키즈 디자인팀
세무 세무법인 세강

펴낸곳 썬더버드
등록 2014년 9월 26일 제 2014-000010호
주소 경기도 의왕시 정우길47. 2층   전화 031 348 2807   팩스 02 6442 2807

ⓒ 썬더버드 2021 Printed in korea

이 책은 저작권법에 따라 보호를 받는 저작물이므로 무단 전재와 복제를 금지하며,
이 책의 내용 전부 또는 일부를 이용하려면 반드시 저작권자와 썬더키즈의 서면 동의를 받아야 합니다.

ISBN 979-11-90869-23-2 (73910)

값은 뒤표지에 있습니다. 잘못된 책은 구입하신 곳에서 바꾸어 드립니다.
썬더키즈는 썬더버드의 아동서 출판브랜드입니다.